中国国情调研丛书·村庄卷
China's National Conditions Survey Series · Vol.Villages
主 编 蔡昉
张晓山

农村家庭能源消费研究
——基于山西省阳泉市林里村入户调研

Study on Rural Household Energy Consumption:
Based on the Household Survey of Linli Village, Yangquan City, Shanxi Province

王 谋 著

中国社会科学出版社

图书在版编目(CIP)数据

农村家庭能源消费研究：基于山西省阳泉市林里村入户调研 /
王谋著 . —北京：中国社会科学出版社，2019. 9
（中国国情调研丛书·村庄卷）
ISBN 978-7-5203-3514-0

Ⅰ.①农… Ⅱ.①王… Ⅲ.①农村—家庭—能源消费—研究—
中国 Ⅳ.①F426. 2

中国版本图书馆 CIP 数据核字（2018）第 251634 号

出 版 人　赵剑英
责任编辑　任　明
责任校对　张依婧
责任印制　李寡寡

出　　　版　中国社会科学出版社
社　　　址　北京鼓楼西大街甲 158 号
邮　　　编　100720
网　　　址　http：//www. csspw. cn
发 行 部　010-84083685
门 市 部　010-84029450
经　　　销　新华书店及其他书店

印刷装订　北京君升印刷有限公司
版　　　次　2019 年 9 月第 1 版
印　　　次　2019 年 9 月第 1 次印刷

开　　　本　710×1000　1/16
印　　　张　9
插　　　页　2
字　　　数　120 千字
定　　　价　58. 00 元

凡购买中国社会科学出版社图书，如有质量问题请与本社营销中心联系调换
电话：010-84083683

总　　序

　　为了贯彻党中央的指示，充分发挥中国社会科学院思想库和智囊团作用，进一步推进理论创新，提高哲学社会科学研究水平，2006 年中国社会科学院开始实施"国情调研"项目。

　　改革开放以来，尤其是经历了 40 年的改革开放进程，我国已经进入了一个新的历史时期，我国的国情发生了很大变化。从经济国情角度看，伴随着市场化改革的深入和工业化进程的推进，我国经济实现了连续 40 年高速增长。我国已经具有庞大的经济总量，整体经济实力显著增强，到 2006 年，我国国内生产总值达到 209407 亿元人民币，约合 2.67 万亿美元，列世界第四位；我国经济结构也得到优化，产业结构不断升级，第一产业产值的比重从 1978 年的 27.9%下降到 2006 年的 11.8%，第三产业产值的比重从 1978 年的 24.2%上升到 2006 年的 39.5%。2006 年，我国实际利用外资为 630.21 亿美元，列世界第四位，进出口总额达 1.76 万亿美元，列世界第三位；我国人民生活不断改善，城市化水平不断提升。2006 年，我国城镇居民家庭人均可支配收入从 1978 年的 343.4 元人民币上升到 11759 元人民币，恩格尔系数从 57.5%下降到 35.8%，农村居民家庭人均纯收入从 133.6 元人民币上升到 3587

元人民币，恩格尔系数从 67.7% 下降到 43%。人口城市化率从 1978 年的 17.92% 上升到 2006 年的 43.9% 以上。经济的高速发展，必然引起国情的变化。我们的研究表明，我国已经逐渐从一个农业经济大国转变为一个工业经济大国。但是，这只是从总体上对我国经济国情的分析判断，还缺少对我国经济国情变化分析的微观基础。这需要对我国基层单位进行详细的分析研究。实际上，深入基层进行调查研究，坚持理论与实际相结合，由此制定和执行正确的路线方针政策，是我们党领导革命、建设与改革的基本经验和基本工作方法。进行国情调研，也必须深入基层，只有深入基层，才能真正了解我国国情。

为此，中国社会科学院经济学部组织了针对我国企业、乡镇和村庄三类基层单位的国情调研活动。据国家统计局的最近一次普查，到 2005 年底，我国有国有农场 0.19 万家，国有以及规模以上非国有工业企业 27.18 万家，建筑业企业 5.88 万家；乡政府 1.66 万个，镇政府 1.89 万个，村民委员会 64.01 万个。这些基层单位是我国社会经济的细胞，是我国经济运行和社会进步的基础。要真正了解我国国情，必须对这些基层单位的构成要素、体制结构、运行机制以及生存发展状况进行深入的调查研究。

在国情调研的具体组织方面，中国社会科学院经济学部组织的调研由我牵头，第一期安排了三个大的长期的调研项目，分别是"中国乡镇调研""中国村庄调研""中国企业调研"。"中国乡镇调研"由刘树成同志和吴太昌同志具体负责，"中国村庄调研"由张晓山同志和蔡昉同志具体负责，"中国企业调研"由我和黄群慧同志具体负责。第一期项目时间为三年（2006—2008 年），每个项目至少选择 30 个调研对象。经过一年多的调查研究，这些调研活动已经取得了初步成果，分别形成了《中国国情调研丛书·企业卷》《中国国情调研丛书·乡镇卷》《中国国情调研丛书·村庄卷》。今后这三个国情调研项目的调研成果，还会陆续收录到这三部书中。

我们期望，通过《中国国情调研丛书·企业卷》《中国国情调研丛书·乡镇卷》《中国国情调研丛书·村庄卷》这三部书，能够在一定程度上反映和描述在 21 世纪初期工业化、市场化、国际化和信息化的背景下，我国企业、乡镇和村庄的发展变化。

国情调研是一个需要不断进行的过程，今后我们还会在第一期国情调研项目的基础上将这三个国情调研项目滚动开展下去，全面持续地反映我国基层单位的发展变化，为国家的科学决策服务，为提高科研水平服务，为社会科学理论创新服务。《中国国情调研丛书·企业卷》《中国国情调研丛书·乡镇卷》《中国国情调研丛书·村庄卷》这三部书也会在此基础上不断丰富和完善。

陈佳贵

2007 年 9 月

编 者 的 话

　　2006 年中国社会科学院开始启动和实施"国情调研"项目。中国社会科学院经济学部组织的调研第一期安排了三个大的长期调研项目，分别是"中国企业调研""中国乡镇调研"和"中国村庄调研"。第一期项目时间为三年（2006—2008 年），每个项目至少选择 30 个调研对象。

　　经济学部国情调研的村庄调研工作由农村发展研究所（以下简称"农发所"）和人口与劳动经济研究所牵头，负责组织协调和从事一些基础性工作。农发所张晓山同志和人口与劳动经济研究所的蔡昉同志总体负责，工作小组设在农发所科研处，项目资金由农发所财务统一管理。第一期项目（2006—2008 年）共选择 30 个村庄作为调研对象。2010 年，在第一期国情调研村庄项目的基础上，中国社会科学院经济学部又组织开展了第二期国情调研村庄项目。第二期项目时间仍为三年（2010—2012 年），仍选择 30 个村庄作为调研对象。

　　农发所、人口与劳动经济研究所以及中国社会科学院其他所的科研人员过去做了很多村庄调查，但是像这次这样在一个统一的框架下，大规模、多点、多时期的调查还是很少见的。此次村庄调查的目的是以我国东中西部不同类型、社会经济发展各异的村庄为调查对象，对每个调查的村庄撰写一部独立的书稿。通过问卷调查、深度访谈、查阅村情历史资料等田野式调查方法，详尽反映村庄的农业生产、农村经济运行和农民生活的基本状况及其变化趋势、农村生产要素的配置效率及其变化、乡村治理的现状与变化趋势、农村剩余劳动力转移的现状与趋势、农村社会发展状况等问题。调研成果一方面旨在为更加深入地进行中国农村研究积累村情案例资料和数据库；另一方面旨在真实准确地反映改革开放 40 年来中国农村经济变迁的深刻变化及存在问题，为国家制定科学的农村发展战略决策提供更有效的服务。

为了圆满地完成调查，达到系统翔实地掌握农村基层经济社会数据的预定目标，工作小组做了大量的工作，包括项目选择、时间安排、问卷设计和调整、经费管理等各个方面。调查内容包括"规定动作"和"自选动作"两部分，前者指各个课题组必须进行的基础性调查，这是今后进行比较研究和共享数据资源的基础；后者指各个课题组从自身研究兴趣偏好出发，在基础性调查之外进行的村庄专题研究。

使用统一的问卷，完成对一定数量农户和对调查村的问卷调查是基础性调查的主要内容，也是确保村庄调查在统一框架下开展、实现系统收集农村基本经济社会信息的主要途径。作为前期准备工作中最重要的组成部分之一，问卷设计的质量直接影响到后期分析和项目整体目标的实现。为此，2006 年 8 月初，农发所组织所里各方面专家设计出调查问卷的初稿，包括村问卷、农户问卷等。其中，村问卷是针对调查村情况的详细调查，涉及村基本特征、土地情况、经济活动情况、社区基础设施与社会服务供给情况等十三大类近 500 个指标，农户问卷是对抽样农户详细情况的调查，涉及农户人口与就业信息、农户财产拥有与生活质量状况、教育、医疗及社会保障状况等九大类，也有近 500 个指标。按照计划，抽样方法是村总户数在 500 户以上的抽取 45 户，500 户以下的抽取 30 户。抽样方法是首先将全村农户按经济收入水平好、中、差分为三等，其次在三组间平均分配抽取农户的数量，各组内随机抽取。问卷设计过程中，既考虑到与第二次农业普查数据对比的需要，又吸取了所内科研人员和其他兄弟所科研人员多年来的村庄调查经验，并紧密结合当前新农村建设中显露出来的热点问题和重点问题。问卷初稿设计出来之后，农发所和人口与劳动经济研究所的科研人员共同讨论修改，此后又就其中的每个细节与各课题组进行了集体或单独的讨论，历时半年，经过四五次较大修改之后，才定稿印刷，作为第一期村庄调研项目统一的农户基础问卷。

在第二期村庄调研项目启动之前，根据第一期调研中反映的问题，工作小组对村问卷和农户问卷进行了修订，以便更好地适应实际调研工作的需要。今后，随着农村社会经济形势的发展，本着"大稳定、小调整"的原则，还将对问卷内容继续进行修订和完善。

在项目资金方面，由于实行统一的财务管理，农发所财务工作的负担相对提高，同时也增加了管理的难度，工作小组也就此做了许多协调工作，保障了各分课题的顺利开展。

到 2010 年 7 月为止，第一期 30 个村庄调研已经结项 23 个；每个村庄调研形成一本独立的书稿，现已经完成 11 部书稿，即将付梓的有 5 部。第一期村庄调查形成的数据库已经收入 22 个村1042 户的基础数据。

国情调研村庄调查形成的数据库是各子课题组成员共同努力的成果。对数据库的使用，我们有以下规定。（1）数据库知识产权归集体所有。各子课题组及其成员，服务于子课题研究需要，可共享使用数据资料，并须在相关成果关于数据来源的说明中，统一注明"中国社会科学院国情调研村庄调查项目数据库"。（2）为保护被调查人的权益，对数据库所有资料的使用应仅限于学术研究，不得用于商业及其他用途，也不得以任何形式传播、泄露受访者的信息和隐私。（3）为保护课题组成员的集体知识产权和劳动成果，未经国情调研村庄调查项目总负责人的同意和授权，任何人不得私自将数据库向课题组以外人员传播和应用。

国情调研是中国社会科学院开展的一项重大战略任务。其中村庄调研是国情调研的重要组成部分。在开展调研四年之后，我们回顾这项工作，感到对所选定村的入户调查如只进行一年，其重要性还体现得不够充分。如果在村调研经费中能拨出一部分专项经费用于跟踪调查，由参与调研的人员在调研过程中在当地物色相对稳定、素质较高、较认真负责的兼职调查员，在对这些人进行培训之后，请这些人在此后的年份按照村问卷和农户问卷对调查村和原有的被调查的农户开展跟踪调查，完成问卷的填写。坚持数年之后，这个数据库将更具价值。

在进行村调研的过程中，也可以考虑物色一些有代表性的村庄，与之建立长远的合作关系，使它们成为中国社会科学院的村级调研基地。

衷心希望读者对村庄调研工作提出宝贵意见，也希望参与过村庄调研的同志能与大家分享其宝贵经验，提出改进工作的建议。让我们共同努力，把这项工作做得更好。

编者

2010 年 7 月 28 日

目　　录

第一章

导　论

第一节　课题来源

《农村家庭能源消费研究——基于山西省阳泉市林里村入户调研》是中国社会科学院中国国情调研项目"村庄调研"系列成果之一。中国社会科学院中国国情调研项目"村庄调研"旨在通过全面翔实的国情调查，了解当前村庄基层经济社会发展的现状。本课题从乡村家庭能源消费角度选取山西省阳泉市郊区荫营镇林里村进行调研，得出相关结论，为决策者提供借鉴和依据，也为相关领域研究提供参考。

第二节　调研背景

能源问题是当前全球最为关注的热点问题之一。中国约有300万个乡村，居住着中国一半的人口[①]，乡村家庭能源消费调研成为全国能源消费调研的基础之一。随着经济的持续发展和农民生活水

[①]　数据来源：2010年全国第六次人口普查。

平的不断提高，我国农村地区家庭能源消费水平发生了明显的变化，能源消费结构也有了进一步的改善。农村家庭能源消费已经成为我国能源消费中不可忽视的一部分，其消费水平和结构的变化不仅关系到能源、社会、经济、环境的协调和可持续发展，甚至影响到农村地区的经济发展，乃至国家能源、环境政策的规划。本课题组选择了具有资源型和近郊型双重典型意义的新农村地区——山西省阳泉市荫营镇林里村作为调研对象，以期对城镇化背景下的农村地区能源消费水平、结构、意愿、趋势等问题进行探讨，为相关政策制定提供参考。

本课题所选择的案例村林里村位于山西省阳泉市荫营镇（荫营镇是阳泉市郊区的政治中心、经济中心、文化中心、商业服务业中心），距离阳泉市中心约 3 千米，是典型的近郊型村落。林里村倚靠山西省阳泉荫营煤矿（全国最大的无烟煤基地，是一座现代化的中型煤矿，始建于 1952 年 6 月，年生产能力约为 240 万吨），近年来林里村面貌有很大改善，村民的生活水平较高，信息相对开放，农民素质较高。随着山西省阳泉市各地小煤窑关停并转和产业结构升级调整，林里村的非商品能源和低价能源来源越来越缺乏，村民积极寻找替代生活能源，其能源消费结构逐步发生转换，村民的消费意愿、消费态度、消费行为在一定意义上代表着山西农村居民对能源消费类型的选择，具有一定的典型性。

第三节　调研的必要性及价值

随着山西省阳泉市产业结构和能源结构的调整以及城镇化的快速推进，荫营镇林里村村民的能源消费状况已发生改变，村民的能源消费类型、消费偏好、能源消费结构和模式的变化亟待研究。本课题组希望通过对该村家庭能源消费的深入研究，了解和折射农村地区的能源消费状况，这对于预测我国乡村地区家庭能源需求变化、分析能源消费变化的原因、调整农村地区能源政策、制定能源措施都是至关重要的，这也是开展农村家庭能耗研究和能源消费转型研究的基础。本课题通过对案例村的调研分析可以深入科学地认识村民家庭能源消费现状和变化趋势，构建能源选择、能源使用模型，为其他乡村能源调研提供样本和方法，为乡村能源消费转型和节能减排提供科学依据和理论参考。

本课题组还将为其他非地区禀赋能源进入农村市场提供研究基础。清楚认识农民家庭能源消费的变化和各影响因素的重要性是非地区禀赋能源进入农村市场的基础。只有这样才能清楚地把握能源市场的开拓方向，才能有重点地、有针对性地开发市场。

本课题的学术价值包括：第一，全面完整地研究一个村级单位的家庭能源消费，为其他村落的能源消费研究起到示范作用；第二，用综合的农村社会调查方法，多方面、客观地反映农村家庭能源的现状和动态变化，分析规律性和指示性的能源消费信息，现实性强；第三，用数学模型和统计工具进行差异性分析和相关性分析，用统计学工具分析不同村民家庭能源消费与家庭人口特征、从事生产类型、经济收入等的差异性，挖掘不同能源消费类型家庭的属性特征，构建农户能源消费模型，并提出针对性的推动农村地区可再生能源使用措施。

第四节　调研思路、方法及内容结构

一　调研思路

课题组主要以中国社会科学院国情调研项目（"村庄调研"）的《行政村调查表》和《行政村入户调查表》以及课题组根据此次调查的主题"农村家庭能源消费研究"自拟的《农村家庭能源消费研究调研问卷》为基础开展入户调查。

2013年，课题组启动了对样本村——山西省阳泉市荫营镇林里村的调研，调研包括一次初步调研和两次补充调研，回收问卷 52 份。首先，入村调研梳理了林里村的社会经济状况，包括村落基本特征、土地情况、经济活动情况、基础设施与社会服务供给情况、金融与民间信贷情况、政治状况、文教情况、村财务、村公共事务以及村社保情况等。其次，主要针对农村家庭能源消费和使用情况进行调研，包括乡村家庭能源消费基本情况（能源消费家庭属性、能源消费种类、消费数量、消费费用等），近五年来能源消费变化状况、能源消费选择的重要影响因素以及可再生能源使用状况。通过对调研样本村的总体分析和个体家庭的具体分析，为农村地区能源消费转型政策制定提供建议。

二 调研方法

课题组依据等距随机的系统抽样方法，从林里村全部农户中抽取 52 个农户样本，每户选择一位村民（主要是户主）作为调查对象。调研内容根据课题研究内容设计，重点调查农户能源消费现状、能源消费变化情况、能源消费意愿，以及农户对外部影响因素和内在影响因素的具体认识。本课题对调查农户的选择采取等距随机抽样法，入户调查时采用调查问卷法、访谈法、参与式观察调查法、快速农村评估法等方法，分析时采用均数比较法、5 级李克特量表法等方法。

（1）等距随机抽样法

等距随机抽样法是一种随机抽样方法，也称为系统抽样、机械抽样、SYS 抽样，它首先视全部农户为一个按一定顺序排列的整体，根据样本容量要求确定抽选间隔。其次，随机确定起点，每隔一定间隔抽取一个农户进行调研。抽样第一步：先将总体各单位按某一标志顺序排列，编上序号。抽样第二步：用总体单位数除以样本单位数求得抽样间隔，并在第一个抽样间隔内随机抽取一个单位作为样本单位。抽样第三步：按计算的抽样距离作等距抽样，直到抽满样本农户。在本次调研中，基本是通过随机选一个农户为起点，隔 10 户入户调研 1 户进行的。

（2）调查问卷法

调查问卷法可分为结构式、开放式、半结构式三种基本类型。A. 结构式：通常也称为封闭式或闭口式。这种问卷的答案是研究者在问卷上早已确定的，由回卷者认真选择一个回答画上圈或打上钩就可以。B. 开放式：也称为开口式。这种问卷不设置固定的答案，让受访者自由发挥。C. 半结构式：这种问卷介于结构式和开放式两者之间，问题的答案既有固定的、标准的，也有让回卷者自由发挥的，汲取了两者的长处。这类问卷在实际调查中运用还是比较广泛的。本课题采用的主要是结构式问卷和半结构式问卷（包括中国社会科学院国情调研项目统一制定的村庄调查问卷和本课题组依据本课题的乡村家庭能源消费调查主题制定的问卷）。另外，问卷可分为自填问卷和访问问卷。自填问卷是由被访者自己填写的问卷。访问问卷是访问员通过采访被采访者，由访问员填答的问卷。本课题的问卷采用访问问卷。入户调研员和被调研者一对一将问卷从前到后一一填写完毕。

（3）访谈法

访谈法又称晤谈法，是指通过访问员和受访人面对面地交谈来了解情况的基本研究方法。因研究问题的性质、目的或对象的不同，访谈法具有不同的形式。本课题将进行等距抽样、家庭入户访谈和村干部访谈，主要访谈内容为有关村民对能源消费情况及能源使用变化的认识。访谈采用半结构式访谈。

（4）参与式观察调查法

课题组成员深入林里村的生活背景中，实际观察和体验村民的全天生活用能。参与观察时，课题组成员可以身临其境，获得较多的内部信息。主要以记录、拍照、观察、交谈为主。主要目的是对现象发生的过程做直接的和详细的记录，以便对其有比较深入的理解。

（5）快速农村评估法

快速农村评估法，是调查人员通过应用一系列的方法、工具、技巧，在很短的时间内，循序渐进地主动获取资料信息，提出假设，作出评价或结论以及不断了解新情况的过程。在实际应用中，为适合某一具体研究的需要，快速农村评估法使用的一系列方法、工具和技术都是通过精心选择而组合的。快速农村评估法的核心是半结构式调查方法，半结构式访谈就是根据调查的主题和与主题可能有关的因素，形成次级主题，在访谈中围绕次级主题提问。半结构式访谈是一种通过与农民直接交谈获得信息的方式，它既不是无主题的漫谈，也不是利用调查表进行的正规调查，而是介于两者之间的一种调查方式，它是快速农村评估法的核心所在。它利用问题的大框架作提纲，在调查过程中，从一般问题入手，不断想出新问题，从而灵活地获得详细信息和更好地了解当地情况。快速农村评估法中其余的途径通常包括直接观察、指示物、时空与逻辑分析示意图、地图、航片、各种简易的测量工具、访谈提纲、利用关键信息提供人等。

（6）均数比较法

均数表示一组数据集中趋势的量数或者平均值的高低，是指用一组数据中所有数据之和除以这组数据的个数得出的数。本课题采用均数比较法进行不同类型村民家庭（不同规模、不同家庭类型、不同居住类型、不同收入、不同文化程度等）能源消费的差异性分析。

（7）5级李克特量表法

5级李克特量表法属于评分加总式量表中最常用的一种，是用加总方式来计分，单独或个别项目是无意义的。它是由美国社会心理学家李克特于1932年在原有的总加量表基础上改进而成的。该量表由一组陈述组成，每一陈述有"非常重要""重要""一般"

"不重要""非常不重要"五种回答，分别记为1、2、3、4、5，每个被调查者的态度总分就是他对各道题的回答所得分数的加总，这一总分可说明他的态度强弱或在这一量表上的不同状态。本课题采用5级李克特量表法对农户能源选择的外在影响因素的重要程度进行测量。通过对调研农户直接询问影响其能源选择意愿各种因素的重要程度（分为"非常重要""重要""一般""不重要""很不重要"5级）获得相关数据，并利用统计软件进行描述性统计分析求得均数，通过比较各类影响因素的得分情况，进而确定对乡村地区农民能源选择意愿起决定性影响作用的外部因素。

（8）二分类分析法

本课题采用二分类分析法对影响乡村地区农民可再生能源选择意愿的内在因素进行分析。在本课题中，因为作为因变量的农民可再生能源选择意愿结果有两种，即愿意（已经选择或即将选择使用可再生能源）和不愿意（未选择或不会选择使用可再生能源），属于二分类选择。

（9）相关关系回归分析法

回归分析法是在掌握大量观察数据的基础上，利用数理统计方法建立因变量与自变量之间的回归关系函数表达式。回归分析法是依据事物发展变化的因果关系来预测事物未来的发展走势，它是研究变量间相互关系的一种定量预测方法。本课题采用相关关系回归分析法对与农户家庭能源消费有相关关系的因子进行分析，构建相关关系回归模型，研究各因子与能源消费之间的定量关系。

三　调研步骤

本课题调研分为两部分：室外调研部分和室内分析部分。室外调研具体步骤为：案例村村情和经济、社会等背景条件调研；案例村家庭能源消费现状问卷调研；案例村家庭能源消费变化认识等的访谈调研；案例村领导干部的座谈访问。室内分析具体步骤为：对野外一手资料的整理和数据处理；乡村家庭能源消费特点分析和消费变化原因、趋势分析；不同类型家庭能源消费的差异性分析；乡村家庭对能源消费变化的认识和态度分析；乡村家庭能源选择、能源使用模型构建；禀赋能源与替代能源的协调使用相关措施研究。具体研究思路框架图如图 1–1 所示。

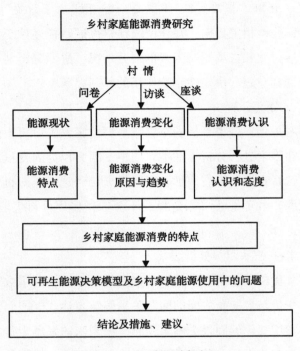

图 1–1 研究思路框架

四 调查内容

本课题组在当地政府和村委会成员的协助下，首先进行文献收集和调查，全面考察整个村落的人口、社会、经济等方面的情况。其次，课题组进行抽样调查，考察抽样户的能源使用情况、人口与就业情况、农户财产拥有与生活质量状况、教育医疗及社会保障状况、农户收入和支出情况、生产性固定资产拥有与折旧情况、农户的金融状况、土地承包经营和宅基地情况、农业生产经营情况、参加政治活动和社会活动情况。抽样调查是在当地村委会的协助下进行的，主要按照随机等距抽样法进行，隔 10 户抽一户，这种调查方式避免了样本因同质性而失去代表性作用，有助于更全面了解不同类型农户的能源使用情况，更能反映出林里村的真实情况。

五　内容结构

本课题研究对象为具有资源型和郊区型双重典型意义的新农村地区——山西省阳泉市荫营镇林里村，对乡村家庭能源消费进行相关研究，了解该村家庭能源消费种类、消费水平、消费结构以及消费变化，并与相关因素进行差异性分析、相关分析，找出它的消费特点、演变趋势和规律。具体调研内容如下。

（1）案例村村情及背景条件分析。

（2）案例村家庭能源消费现状，包括消费量、消费种类、消费结构、消费意愿、消费习惯等。

（3）案例村家庭能源消费特点总结与分析。

（4）案例村家庭能源消费变化，包括能源消费需求变化、能源消费结构变化、能源消费偏好变化、能源消费意识变化等。

（5）案例村家庭能源消费变化特点和变化原因分析。

（6）案例村不同类型家庭（不同规模、不同家庭类型、不同居住类型、不同收入、不同文化程度等）能源消费的差异性分析。

（7）案例村家庭能源消费相关影响因素分析。

（8）乡村家庭可再生能源使用决策模型构建。

（9）研究农村地区禀赋能源与替代能源的协调使用措施，有效地引导乡村家庭可再生能源消费。

第二章

农村生活能源相关理论

能源是人类生存和发展最基本的物质需求之一。可以说，现代社会里没有能源就没有人的生活和生产活动。能源消费水平、消费结构等也是衡量一个地区经济社会发展水平的重要指标。家庭能源消费占全球总能源消费相当的比重，家庭能源消费的各项指标也标志着一个地区的发展程度。中国是一个农业大国，农民占全国人口的一半左右[①]，持续安全的能源供给是中国农村社会经济发展和农民生活质量提高的基本保证，是实现农村经济可持续发展的基本前提，是减缓和适应气候变化的有效手段。因此，研究好乡村家庭能源消费，发展农村能源以促进农民增收、生活质量提高和农村生态环境改善，一直是国家解决"三农"问题的重要载体和切入点。[②]在大力推动社会主义新农村建设和生态文明建设的新历史时期，乡村家庭能源消费的研究具有深远意义。

[①] 数据来源：2010 年全国第六次人口普查。
[②] 辛毅、李冰峰、吴燕红：《滇西北农牧交错区农村生活能源消耗驱动力研究》，《中国沼气》2014 年第 6 期；云南省农村能源工作站：《云南省农村能源"十二五"建设稳步推进》，《云南林业》2014 年第 2 期；闫丽珍、闵庆文、成升魁：《中国农村生活能源利用与生物质能开发》，《资源科学》2005 年第 1 期。

第一节　农村能源

一　农村能源的相关概念

农村能源，指农村地区的能源供应与消费，涉及农村地区工农业生产和农村生活多个方面。农村能源包括国家供应给农村地区的煤炭、燃料油、电力、天然气等商品能源，以及薪柴、作物秸秆、人畜粪便（制沼气或直接燃烧）、小水电、太阳能、风能和地热能等可再生能源。① 随着农村经济的发展，农村能源的开发力度越来越大，主要针对的是农村地区因地制宜、就近开发利用的能源。农村能源研究的内容主要是合理开发农村当地各种能量资源，研究农村各种能量资源在输入、转换、分配、最终消费过程中的先进技术及管理等问题，以提高能源利用效率，缓解能源供需矛盾，保护农业生态环境，促进农村经济的长期稳定发展。中国农村能源建设的指导方针是因地制宜，多能互补，综合利用，讲求效益。在农村范围内提供和消费的能源资源是发展农村各业生产、改善人民生活所必需的物质基础。

二　农村能源分类

农村能源消费主要分为生产用能和生活用能两部分。农村生产用能包括田间作业、农业运输和农产品加工三大项，其来源主要是以商品形式供应的煤、石油和电。农村生活用能主要用于煮饭、烧水、取暖、照明和家用电器。发达国家和发展程度较高的发展中国家以电能为主；生产力落后的发展中国家则以生物质能为主，辅以煤和电。据调查，我国一个普通家庭在 2012 年消费 1426 千克标准煤（kgce），人均能源消费量为 612 千克标准煤。这相当于美国家庭 2009 年生活用能的 44%，是欧盟 27 国 2008 年平均生活用能的

---

① 《中国大百科全书》，中国大百科全书出版社 2009 年版。

38%。2012 年城镇和农村家庭平均能源消费分别为 1503 千克标准煤和 1097 千克标准煤。[1] 预计 2020 年中国农村居民生活用能消费总量将达到 2.80 亿—3.58 亿吨标准煤（tce）。[2] 农村沼气工程、秸秆能源化利用、清洁炉灶、太阳能热利用等农村清洁可再生能源利用技术已较为成熟，形成了完备的研发、推广体系，具备规模化生产能力和消费市场。现将主要的农村能源分述如下。[3]

1. 矿物质能

矿物质能主要指煤炭和煤矸石。煤炭是古代植物埋藏在地下经历了复杂的生物化学和物理化学变化逐渐形成的固体可燃性矿物。是一种固体可燃有机岩，主要由植物遗体经生物化学作用，埋藏后再经地质作用转变而成，俗称煤炭。煤矸石是指煤矿中开采出的低热值的矸石，其热值为 3.3—12.5 兆焦/千克。可以直接燃烧或加工成型坯等燃烧利用。

2. 生物质能

生物质能指利用大气、水、土地等通过光合作用而产生的各种有机体，即一切有生命的可以生长的有机物质，通称为生物质能。广义概念的生物质能包括所有的植物、微生物以及以植物、微生物为食物的动物及其生产的废弃物。有代表性的生物质能如农作物、农作物废弃物、木材、木材废弃物和动物粪便。狭义概念的生物质能主要是指农林业生产过程中除粮食、果实以外的秸秆、树木等木质纤维素、农产品加工业下脚料、农林废弃物及畜牧业生产过程中的禽畜粪便和废弃物等物质。它的特点是可再生、低污染、分布广泛。在农村地区一般是指薪柴、秸秆、人畜粪便和沼气等。

---

① 郑新业、魏楚、秦萍等：《中国家庭能源消费报告》，http://hvdc.chinapower. com.cn/news/1037/10370677.asp, 2015-2-28.

② 田宜水：《2013 年中国农村能源发展现状与趋势》，《中国能源》2014 年第 8 期。

③ 《中国大百科全书》，中国大百科全书出版社 2009 年版。

3. 水能

水能是一种可再生能源，主要用于水力发电。水力发电将水的势能和动能转换成电能。水力发电的优点是成本低、可持续再生、无污染。缺点是分布受水文、气候、地貌等自然条件的限制大，容易被地形、气候等多方面的因素影响。西方国家利用水力发电始于19 世纪 80 年代，当时水电技术简单，容量小而分散，属小水电范畴。20 世纪 40—50 年代后不断发展大、中型电站，小水电基本停办。70 年代发生世界石油危机后，小水电的发展又进入新高潮。亚洲、非洲和拉丁美洲的一些发展中国家纷纷制定规划，把发展小水电作为重要的农村能源进行开发。

4. 太阳能

太阳能是指太阳的热辐射能，一般用作发电或者为热水器提供能源。自地球上生命诞生以来，就主要以太阳提供的热辐射能生存，而自古人类也懂得以阳光晒干物件，并作为制作食物的方法，如制盐和晒咸鱼等。在化石燃料日趋减少的情况下，太阳能已成为人类使用能源的重要组成部分，并不断得到发展。太阳能的利用有光热转换和光电转换两种方式，太阳能发电是一种新兴的可再生能源。广义的太阳能包括直接射到地球上的太阳辐射能和因太阳辐射同地球大气层及地球表面相互作用而产生的风能、潮汐能等，也包括通过光合作用形成的生物质能等。现在世界各国都在研究如何利用太阳的光、热问题。

5. 风能

风能指空气流动所产生的动能。由于太阳辐射造成地球表面各部分受热不均匀，引起大气层中压力分布不平衡，在水平气压梯度的作用下，空气沿水平方向运动形成风。风能是可再生的能源，储量大、分布广，但它的能量密度低，并且不稳定。在一定的技术条件下，风能可作为一种重要的能源得到开发利用。风能利用是综合性的工程技术，通过风力机将风的动能转化成机械能、电能和热能等，可用于风帆助航、风力提水、农副产品加工、风力发电、风力致热等。

6. 地热能

地热能指地球内部包含的热能，或由于地下物质的摩擦、挤压而放热，或由于地球内部某些物质发生化学变化而放热。从地表向下，地球内部的温度随着深度的增加而不断增高。火山爆发、地震和温泉都是地热能的表现形式。据估计，地球内部每小时放出的热量约相当于燃烧 6000 万吨优质煤。中国已有 20 多个省（自治区、直辖市）开展了利用地热能的工作，一般用于温室、温泉、育秧、育种、孵化鸡、养鱼等。世界各国对地热能的开发利用也较重视，主要是将地下天然蒸汽和热水用于生产和生活。由于有关设施的一次投资较高，地热能利用受到一定的限制。

7. 潮汐能

由月亮和太阳引潮力的作用，使海洋中的海水作周期性的涨落运动，由潮汐涨落所产生的位能和动能称为潮汐能。中国潮汐能资源估计约 1.1 亿千瓦，主要用作水磨、水车、农副产品机械的动力和发电。

三　我国农村能源消费发展现状

我国对农村能源利用高度重视，不断加大对农村能源建设的投入，政策体系初步形成，技术进步快速发展，产业实力明显提升，市场规模不断扩大，取得了显著效益。2012 年中国农村地区能源消费量为 33821.9 万吨标准煤，其中商品能源为 11457 万吨标准煤，占总量的 33.9%；非商品能源为 22364.9 万吨标准煤，占总量的 66.1%[①]（见表 2-1）。以前，由于农村和农业能源保障的优先性严重低于城市和工业，中国农村长期缺乏基本商品能源服务，农村地区主要依靠当地可获取的生物质能满足日常生活用能需求。经过 30 多年的建设和发展，农村生产和生活方式发生了巨大变化，乡镇企业发展带来了巨大的商品能源需求，农民生活和农业生产的商品能源消费不断上升。

---

① 田宜水：《2013 年中国农村能源发展现状与趋势》，《中国能源》2014 年第 8 期。

表 2-1　　　　　　　　2012 年中国农村能源消费　　　　单位：万吨标准煤

总量	商品能源						非商品能源			
	煤炭	电力	油品	天然气	煤气	液化石油气	秸秆	薪柴	沼气	太阳能
33821.9	5601.14	3268.67	1899.2	10.15	0.45	677.39	13086.7	7266	1125.4	886.8

数据来源：2012 年全国农村可再生能源统计汇总表；《中国能源统计年鉴 2013》；田宜水：《2013 年中国农村能源发展现状与趋势》，《中国能源》2014 年第 8 期。

四　我国农村能源消费存在的问题

目前，作为一个拥有近 8 亿农村人口的农业大国，中国农村能源系统存在一系列问题。[①] 首先，宣传力度不够，认识不到位。部分农民对农村能源建设的重要性认识不足。大量作物秸秆不能还田，有些地区垦荒铲草的现象更是普遍，植被遭到严重破坏，水土流失严重，农村生态进一步恶化。对于国家给予补助、补贴的农村能源项目，一些农民持观望态度，消极对待，错过了发展的大好时机，这影响了农村能源的综合建设步伐。其次，农村能源管理薄弱。部分地区农村能源设施推广得少，利用得少，建造得少，保存

[①] 何建清、张广宇、张晓彤等：《中国农村生活能源发展报告：2000—2009》，科学出版社 2012 年版，第 45—60 页；章永洁、蒋建云、叶建东等：《京津冀农村生活能源消费分析及燃煤减量与替代对策建议》，《研究与探讨》2014 年第 7 期；仇焕广、严健标、李登旺等：《我国农村生活能源消费现状、发展趋势及决定因素分析——基于四省两期调研的实证研究》，《中国软科学》2015 年第 11 期；许骏、那伟：《我国农村生活能源消费成本分析——以吉林省为例》，《经济纵横》2013 年第 6 期；韩昀、王道龙、毕于运：《山东省郯城县农村生活能源消费现状》，《中国农学通报》2013 年第 32 期；2010 年至 2020 年中国新农村能源战略课题组：《2010 年至 2020 年中国新农村能源战略构想》，http://wenku.baidu.com/view/09b77f58804d2b160b4ec0a2.html? re = view，2012 - 11-11；朱忠贵：《论农村生物能源的利用》，《新疆农垦经济》2009 年第 12 期；赵志莲：《农村能源发展现状及对策研究》，《农业工程技术：新能源产业》2011 年第 11 期；田利东、郑文彤：《新农村建设中的能源保障和环境保护》，《黑龙江科技信息》2009 年第 3 期；吕士海、潘玉落、聂亮：《农村能源综合建设问题与对策》，《现代农业》2009 年第 6 期；陈红娥、宋斌：《农村新能源建设的调查与思考》，《农业技术与装备》2010 年第 11 期；曲哲：《新能源新农村》，《中国农村科技》2009 年第 8 期；中国沼气学会秘书处：《新农村能源站模式与循环农业发展》，《中国沼气》2010 年第 5 期；尹俊华、李强、王敏等：《开发利用农村新能源发展农村节能减排》，《安徽农学通报》2011 年第 21 期；李文博：《农村能源项目建设情况调查》，《甘肃金融》2010 年第 10 期。

得少，设施管理和核技术管理环节薄弱。再次，农村能源消费单一，利用效率低下。有些地区在农村能源消费中，传统生物质能利用消费占很大比例，新型清洁能源利用占比很小，能源结构单一，对生态环境保护产生巨大压力。旧式炉、灶、窑等对原料燃烧不充分，散热严重，能源利用率低下，既浪费能源、破坏农业生态，又造成大量环境污染。最后，新能源和可再生能源开发力度不大，专业技术人员偏少。生物质气化、液化、固化利用，速生、丰产薪炭林的营造及其合理采薪、永续利用，太阳能热水、采暖、干燥、种植、养殖，以及太阳能光伏电源等技术和产品的利用、风能等新型能源的开发利用，尽管取得一定成效，但由于受资金、技术、环境等诸方面的影响，并未充分发挥作用。[①]

第二节　农村生活能源

一　农村生活能源的相关概念及分类

农村生活能源消费是一个涉及经济、社会和生态等诸多方面的复杂问题，它和区域经济、当地的社会发展以及生态、环境保护有着广泛而深刻的联系。生活能源主要是指为满足家庭炊事、照明、采暖、热水、文化娱乐等生活需要所消费的各种能源，农村生活能源主要包括煤、油、液化气、电等商品能源；秸秆、薪柴、沼气等生物质能源，以及现代高效可再生能源类的非商品能源。生活能源消费状况分为三个方面：生活能源消费种类、消费水平和消费结

---

① 郑新业、魏楚、秦萍等：《中国家庭能源消费报告》，http://hvdc.chinapower. com.cn/news/1037/10370677.asp，2015-2-28；田宜水：《2013 年中国农村能源发展现状与趋势》，《中国能源》2014 年第 8 期；何建清、张广宇、张晓彤等：《中国农村生活能源发展报告：2000—2009》，科学出版社 2012 年版，第 45—60 页；章永洁、蒋建云、叶建东等：《京津冀农村生活能源消费分析及燃煤减量与替代对策建议》，《研究与探讨》2014 年第 7 期；仇焕广、严健标、李登旺等：《我国农村生活能源消费现状、发展趋势及决定因素分析——基于四省两期调研的实证研究》，《中国软科学》2015 年第 11 期；许骏、那伟：《我国农村生活能源消费成本分析——以吉林省为例》，《经济纵横》2013 年第 6 期。

构。消费种类是指农民生活能源消费中所包含的能源种类；消费水平是指一定时期内（一般为 1 年）家庭成员（以在家超过半年的人口计算）人均消费的能源数量；生活能源消费结构是指不同的能源在能源总消费中所占的比例，它是能源消费种类和消费水平的综合体现。将生活能源按其属性，划分为自然属性、经济属性和环境属性。自然属性是根据生活能源产生的条件、获取的方式不同而划分的；经济属性根据能源的商品性来划分；环境属性是根据能源消费对环境与生态的影响来划分的。① 据 2010 年全国第六次人口普查统计，我国在农村的居住人口占全国人口的 50.32%，庞大的农村人口生产、生活都离不开能源，农村生活能源消费问题的研究逐渐成为研究热点。

二 我国农村生活能源消费现状

根据国际能源机构统计，21 世纪人类使用的能源主要有三种：原油、天然气和煤炭。按目前势头发展下去，不加节制，地球上这三种能源供人类开采的时间将非常有限。对于我国，改善农村能源是一项重要任务。2011 年有关数据表明，我国农村居民烧薪柴（含秸秆）为主的占 47%，烧煤为主的占 24.5%，用电为主的占 19%，用天然气及沼气为主的占 6%，其他占 3.5%。我国农村居民在能源消耗上依然以烧薪柴和煤为主。② 在薪柴利用上，我国农村居民主要是靠直接燃烧的低效率方式获得生活和生产用能，这种低效的利用方式不仅造成资源的严重浪费，而且大量排放的烟尘颗粒物对大气环境也造成了污染。

中共中央、国务院在《关于推进社会主义新农村建设的若干意见》中强调：要加快能源建设步伐，在适宜地区积极推广沼

---

① 韩昀、王道龙、毕于运：《山东省郯城县农村生活能源消费现状》，《中国农学通报》2013 年第 32 期。

② 何建清、张广宇、张晓彤等：《中国农村生活能源发展报告：2000—2009》，科学出版社 2012 年版，第 45—60 页。

气、秸秆气化、小水电、太阳能、风力发电等清洁能源技术。广大农村是可再生资源的宝库,清洁能源的各种形态,包括太阳能、地热能、风能、海洋能、生物能等,都有很丰富的蕴藏。改革开放以来,中国按照因地制宜、多元发展的方针,通过先后实施"光明工程""农网改造""水电农村电气化"和"送电下乡"等,积极发展农村沼气、秸秆发电、小水电、风能、太阳能等可再生能源,改造农村电网,极大地改善了农村生产生活用能条件,解决了 3000 多万农村无电人口及偏远地区的用电问题。以下是具体的能源使用状况。①

我国沼气技术开始于 20 世纪 50 年代,80 年代得到进一步的发展,主要满足于农村居民生活用能。目前,全国已累计推广农村沼气近 2650 万户,年产沼气达 102 亿立方米;建成畜禽养殖场沼气工程约 2.66 万处,总池容 285 万立方米,年产沼气达 3.56 亿立方米。在大中型沼气工程模式中,利用沼气技术将畜禽排泄物处理资源化、减量化和无害化。在获得沼气的同时,还能生产高效有机

---

① 2010 年至 2020 年中国新农村能源战略课题组:《2010 年至 2020 年中国新农村能源战略构想》,http://wenku.baidu.com/view/09b77f58804d2b160b4ec0a2.html? re = view,2012-11-11;朱忠贵:《论农村生物能源的利用》,《新疆农垦经济》2009 年第 12 期;赵志莲:《农村能源发展现状及对策研究》,《农业工程技术:新能源产业》2011 年第 11 期;田利东、郑文彤:《新农村建设中的能源保障和环境保护》,《黑龙江科技信息》2009 年第 3 期;吕士海、潘玉落、聂亮:《农村能源综合建设问题与对策》,《现代农业》2009 年第 6 期;陈红娥、宋斌:《农村新能源建设的调查与思考》,《农业技术与装备》2010 年第 11 期;曲哲:《新能源新农村》,《中国农村科技》2009 年第 8 期;中国沼气学会秘书处:《新农村能源站模式与循环农业发展》,《中国沼气》2010 年第 5 期;尹俊华、李强、王敏等:《开发利用农村新能源发展农村节能减排》,《安徽农学通报》2011 年第 21 期;李文博:《农村能源项目建设情况调查》,《甘肃金融》2010 年第 10 期;中共甘谷县委、甘谷县人民政府:《小沼气推动农业循环经济大发展》,《农业工程技术:新能源产业》2011 年第 9 期;朱四海:《中国农村能源政策:回顾与展望》,《农业经济问题》2007 年第 9 期;梁睿:《农村新能源利用现状调查》,《农产品市场周刊》2010 年第 22 期;冯之浚:《中国可再生能源和新能源产业化高端论坛》,中国经济出版社 2007 年版,第 23—68 页;中国环境与发展国际合作委员会:《中国环境与发展国际合作委员会年度政策报告——能源环境与发展》,中国环境科学出版社 2010 年版,第 38—49 页;张彩庆、郑金成、臧鹏飞等:《京津冀农村生活能源消费结构及影响因素研究》,《中国农学通报》2015 年第 19 期。

肥，促进生态农业建设和绿色食品产业发展，有效控制畜禽粪便污染空气和水资源，改善农村周边环境。目前围绕农村沼气池，某些地区已经形成了"猪—沼—果""猪—沼—稻""猪—沼—菜"等多种循环经济链条，提高了农业生产转化率和物质循环率。但是沼气发展也有不少问题。大规模养殖搞沼气，面临着输送和使用上的问题。而且农村劳动力流失，沼气池需要劳力清理更新原料，这项脏活累活很难找到人做。此外，还有沼渣沼液的处理、安全问题。大多地区后续管理维护跟不上，重建轻管问题较突出，沼气池自然损坏，病池、停用池逐年增加。

我国风能资源十分丰富，理论上可开发总量为 32.26 亿千瓦，可开发利用地区占全国总面积的 76%，主要分布在长约 5000 千米的"三北"（即华北、东北、西北）风带上，可开发利用的风能储量为 10 亿千瓦左右，相当于 1996 年全国年发电总装机容量的 3 倍多。我国风电连续三年翻番增长，2006—2008 年风电装机容量分别达到 267 万千瓦、605 万千瓦、1217 万千瓦，2009 年装机容量突破 2200 万千瓦，居世界第三。

我国太阳能资源也非常丰富，理论储量高达每年 1.7 万亿吨标准煤，可开发利用的潜力也非常大。随着科学技术的发展，太阳能利用率越来越高，太阳灶、太阳温棚、太阳能热水器、太阳能发电等技术越来越具有实用性。2009 年国家陆续出台了太阳能屋顶计划、金太阳工程等诸多补贴扶持政策。太阳能的主要问题是价格，需要政府补贴才可能普及民生用途。目前太阳能成本较高，在有其他选择的情况下，未必会考虑到太阳能的推广。

我国大部分农村山多、水多，水电资源十分丰富。大型水电可以由国家来建设。但是一些小水电资源和一些地域较偏的区域小水电，受到投资回报率和电网的限制，尚无法开发利用。全国 1/2 的国土、1/3 的县市、1/4 的人口主要依靠小水电供电，累计解决了 3 亿人口的用电问题。星罗棋布的小水电站给广大农村带来了"光明"。小水电在满足县域经济社会发展用电需要的同时，在促进农村经济发展、地方财政增收、农民脱贫致富，保护生态、改善环境中起到了十分重要的作用。全国小水电发电量相当于每年少用4000万吨标准煤，减少二氧化碳排放1亿吨，减少森林砍伐13万公顷。

生物质能是我国目前农村主要的能源之一，其开发与利用是农村用能的重点。秸秆、人畜粪便、谷壳等都属于生物质能。农作物秸秆年产量约6亿吨，除用于饲料、肥料和其他工业原料外，至少有一半可用于生物质能开发和利用。生物质能具有可再生性、低污染性、广泛分布性以及总量十分丰富的特点。近年，随着全球气候变化和石油价格不断上升等问题的出现，我国高度重视生物质能的开发和利用，政策措施逐渐完善，产业步伐明显加快，成效日益显著。在国家新能源政策的鼓励下，对生物质能发电可再生资源既环保又能带动农民增收的积极意义，各地方的认识几乎一致。但是目前生物质能发电面临着重复建设、资源浪费和效益低下的问题。在燃料成本高、人力成本高以及政策扶持不到位等因素下，生物发电项目大都陷于亏损的尴尬境地。农村生物能源利用存在问题包括：对开发生物能源战略意识认识不清，发展生物能源对实施可持续发展的战略意义、对减排温室气体的意义没有得到充分重视；有的地区没有编制生物能源的长远计划；政府激励政策不够，财政投入不够；技术开发能力和产业体系薄弱，缺乏技术研发能力，设备制造力弱。

三 我国农村能源消费转型

随着全球能源的短缺、社会的低碳化和清洁化要求，乡村地区可再生能源的使用和普及提上了议事日程，并且成为我国能源消费结构改变的重要内容。同时，随着乡村地区农业生产力的提高，许多农户从沉重的农业生产中解脱出来开始产业转型，乡村地区能源消费转型是未来中国能源消费转型的重要组成部分之一。乡村地区农户家庭能源消费逐步由"生活—生产系统"向"生活—生产—享受系统"转变，能源利用也逐渐从传统能源向可再生能源转化，综合效益显著提升，在促进区域社会经济发展和生态环境改善中发挥着重大的作用。较开放和信息更替较快的乡村地区，往往成为乡村地区的能源使用改变先锋和示范区，起着导向性和示范性作用。因此，在乡村发展中，应在充分利用当地既有能源基础上，进一步挖掘可再生能源的使用潜力，特别是生物质能（主要是沼气）和太阳能的潜力，建立和引导以新型能源为主体、传统生物质能和商品能源为辅的能源消费模式。

本项目开展的农村家庭能源消费调查研究是开展农村能源消费结构调整和节能减排研究的重要基础。为了更好地在农村地区挖掘和推广可再生能源的使用，本书将调查研究农村地区农户的基本属性，农户的能源使用种类、使用结构、使用量、使用变化及对各种能源的使用偏好，研究家庭能源使用行为影响因素，了解农户对能源的认知过程和选择使用过程，找出影响农户能源选择最重要的因素，在此基础上探讨推动农户能源节约、集约使用的措施，并引导农户实施。

第三节 农村生活能源相关研究

国内外学者对于家庭能源消费行为进行了大量的研究，主要涉及家庭能源与碳排放的关系研究、不同能源类型的家庭能源消费研究、少数民族地区的家庭能源消费研究、城市家庭能源消费的研究、农村的家庭能源消费研究、不同地区或不同能源类型能源消费对比研究、家庭能源消费相关的影响因素研究、模型构建、评价指标体系等方面。Tim Jackson 研究了居民能源消费模式，他认为主要包括理性选择模式、期望价值模式、生态价值信仰模式、态度—行为—背景模式、劝说和社会学习模式、积极行为模式、社会符号身份模式、改变行为的指导政策制定模式等。①
Martiskainen Mari 对能源消费行为进行了分析，分为效率行为和限制行为，例如以外墙保温措施等来提高能源利用效率的投资行为，就是效率行为。② Thomas F. Sanquist 等对美国居民电力消费的影响因素研究发现，反映社会行为模式的生活方式比收入更好地解释了家庭能源消费的差异。③ Shuling Chen Lillemo 等通过对挪威居民薪柴需求的研究发现，城市化的生活方式和对舒适性的关注对薪柴需求有负向影响。④

　　国内学者对家庭能源消费的相关研究也非常广泛。课题组通过"中国知网"高级检索功能，以"家庭""能源""消费"三个关键词为"篇名"并行检索条件，发现数百篇相关方面的期刊论文。例如陆慧等对农民收入水平对农村家庭能源消费结构影响方面进行了实证分析⑤，蔡国田等进行了西藏农村能源消费及环境影响研究⑥，娄博杰等以芦山县为例分析了四川省农户生活能源消费现状⑦，彭武元等基于湖北省抽样调查分析了农村电力需求的影响因素⑧，周曙东等对农牧区农村家庭能源消费数量结构及影响因

　　① Jackson, T., Motivating Sustainable Consumption, a Review of Evidence on Consumer Behaviour and Behavioural Change, Sustainable Development Research Network, 2005.

　　② Mari, M., Affecting Consumer Behavior on Energy Demand, *SPRU - Science and Technology Policy Research*, 2007 (3): 12-22.

　　③ Sanquist, T. F., Orr, H., Shui, B., et al., Lifestyle factors in U. S. residential electricity consumption, *Energy Policy*, 2012, 42 (3): 354-364.

　　④ Lillemo, S. C., Halvorsen, B., The Impact of Lifestyle and Attitudes on Residential Firewood Demand in Norway, *Biomass and Bioenergy*, 2013, 57 (1): 13-21.

　　⑤ 陆慧、卢黎:《农民收入水平对农村家庭能源消费结构影响的实证分析》,《财贸研究》2006 年第 3 期。

　　⑥ 蔡国田、张雷:《西藏农村能源消费及环境影响研究》,《资源开发与市场》2006 年第 3 期。

　　⑦ 娄博杰、许健民、吕开宇:《四川省农户生活能源消费现状分析——以芦山县为例》,《安徽农业科学》2008 年第 4 期。

　　⑧ 彭武元、潘家华:《农村电力需求的影响因素——基于湖北省抽样调查的经验分析》,《中国农村经济》2008 年第 6 期。

素进行了研究①，牛叔文等总结了兰州市家庭用能特点并计算了减排效应②，张海鹏等基于双扩展的线性支出系统模型对林区农村家庭生活能源消费需求进行了实证分析③，刘静等基于河北、湖南、新疆农户的调查数据对我国农户能源消费进行了实证研究④，张妮妮等基于能源自选择行为分析了农户生活用电消费⑤，赵晓丽等分析了我国居民能源消费结构变化⑥，唐逸舟等进行了浙江省农村能源消费行为的实证分析⑦，何威风等以重庆市"两翼"地区为例对不同类型农户家庭能源消费差异及其影响因素进行了剖析⑧，史清华等对晋黔浙三省 2253 个农户进行调查并分析农村能源消费⑨，计志英等进行了家庭部门生活能源消费碳排放测度与驱动因素研究⑩，曾毅分析了家庭户型小化对能源消费和可持续发展的影响⑪。这些研究多以地区作为对象，大到全国，小到市、县。像本课题这样对单个村落的微尺度研究并不多见，因此，课题研究成果可以为乡村家庭能源消费研究提供一些基础性的研究参考。

---

① 周曙东、崔奇峰、王翠翠：《农牧区农村家庭能源消费数量结构及影响因素分析——以内蒙古为例》，《资源科学》2009 年第 4 期。

② 牛叔文、赵春升、张馨等：《兰州市家庭用能特点及结构转换的减排效应》，《资源科学》2010 年第 7 期。

③ 张海鹏、牟俊霖、尹航：《林区农村家庭生活能源消费需求实证分析——基于双扩展的线性支出系统模型》，《中国农村经济》2010 年第 7 期。

④ 刘静、朱立志：《我国农户能源消费实证研究——基于河北、湖南、新疆农户的调查数据》，《农业技术经济》2011 年第 2 期。

⑤ 张妮妮、徐卫军：《农户生活用电消费分析——基于能源自选择行为》，《中国农村经济》2011 年第 7 期。

⑥ 赵晓丽、李娜：《中国居民能源消费结构变化分析》，《中国软科学》2011 年第 11 期。

⑦ 唐逸舟、周佳雯、李金昌：《浙江省农村能源消费行为的实证分析》，《广西社会科学》2012 年第 5 期。

⑧ 何威风、阎建忠、花晓波：《不同类型农户家庭能源消费差异及其影响因素——以重庆市"两翼"地区为例》，《地理研究》2014 年第 11 期。

⑨ 史清华、彭小辉、张锐：《中国农村能源消费的田野调查——以晋黔浙三省 2253 个农户调查为例》，《管理世界》2014 年第 5 期。

⑩ 计志英、赖小锋、贾利军：《家庭部门生活能源消费碳排放：测度与驱动因素研究》，《中国人口·资源与环境》2016 年第 5 期。

⑪ 曾毅：《被忽略的"胡焕庸家庭户密度线"——家庭户小型化对能源消费和可持续发展的影响》，《探索与争鸣》2016 年第 1 期。

第三章

地区和村情概述

　　本课题选取了山西省阳泉市郊区荫营镇林里村作为本次农村家庭能源消费的调研对象。林里村的发展离不开它所在的阳泉市以及郊区的发展，因此，在展开对林里村的研究之前，需要了解阳泉市以及阳泉市郊区的基本情况。

第一节　阳泉市基本情况

　　阳泉市位于山西省东部，太行山中段西侧，西连太原，东接石家庄，北临佛教圣地五台山，南靠闻名遐迩的大寨。面积4452平方千米，人口120万，是一座具有广阔发展前景的新兴工业城市。阳泉市交通、通信方便快捷，是晋东交通、通信枢纽。石太电气化铁路横贯其中，阳（泉）涉（县）铁路、阳（泉）盂（县）铁路交会于此，同时，还有22条铁路专线直通阳泉各大企业。307、207国道交会于此，太旧高速公路穿越境内，是三晋东大门。阳泉到太原、石家庄两大机场都仅一小时车程，到京、津及出海口也各只有400多千米。这为阳泉招商引资创造了便利的交通条件。阳泉有着悠久的历史文化，众多的名胜古迹和丰富的旅游资源。境内既有险峻奇特、风景秀丽的雄关奇山，又有珍宝荟萃的人文景观，其中位于平定县城东 40 千米的娘子关，是中国内长城上的著名关隘，称为"天下第九关"。位于盂县城北 17 千米的藏山祠，因春秋时期藏匿赵氏孤儿而闻名于世。

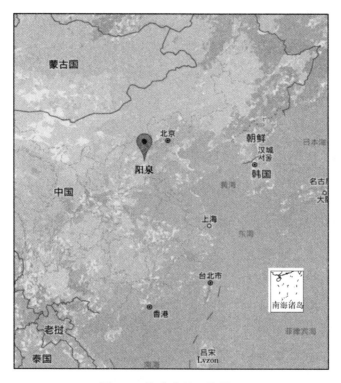

图 3-1　阳泉市地理位置图

　　阳泉市历史悠久，据 20 世纪 50 年代从平定西北枣烟、大梁丁等地出土文物考证，旧石器时代中期，便有人类在此生息繁衍。唐虞夏商时，今阳泉市境相传为古冀州之地。中华人民共和国成立后，阳泉市（初为工矿区，1952 年恢复市建制）数度由晋中（榆次）地区（专署）代管，平定县、盂县则属晋中（榆次）地区（专署）。先后置城区、郊区和矿区。1983 年 9 月，实行市管县体制，平定县、盂县划归阳泉市，阳泉市下辖两县（平定县、盂县）三区（城、矿、郊）。目前，阳泉市共有 32 个乡镇 960 个行政村 650 个自然村。全市乡村人口 47.7 万人，农户数 28.76 万户，耕地总面积 92.62 万亩，人均耕地 1.38 亩。农村劳动力 36.61 万人，其中，从事家庭经营的 19.88 万人，外出务工的 10.65 万人。全市农村根据禀赋条件不同，分为城郊村、资源村、纯农业村，其中城郊村主要以第三产业为主，矿产资源丰富的村庄以资源开采为主，纯农业村以农业生产为主。全市各类"一村一品"专业村累计达到 321 个，占全市农村总数的 1/3。全市 960 个行政村中，城郊村 120 个，资源村 172 个，纯农业村 668 个。建档立卡贫困村 130 个。①

　　林里村所属的阳泉市郊区现辖 8 个乡镇，184 个村委会、2 个社区居委会，郊区政府驻荫营镇。其中荫营镇辖 38 个村委会、1 个社区居委会，镇政府驻地荫营镇桥上村；河底镇辖 32 个村委会、1 个社区居委会，镇政府驻河底村；平潭镇辖 38 个村委会，镇政府驻辛兴村；义井镇辖 14 个村委会，镇政府驻义井村；西南舁乡辖 17 个村委会，乡政府驻西南舁村；李家庄乡辖 14 个村委会，乡政府驻李家庄村；杨家庄乡辖 14 个村委会，乡政府驻北杨家庄村；旧街乡辖 17 个村委会，乡政府驻旧街村。郊区总面积为 625.28 平方千米。农用地 478269.3 亩，其中，耕地 136483.3 亩，林地 253302.8 亩，园地 28235.4 亩，牧草地 97.2 亩，其他农用地 60150.8 亩。建设用地 172426.1 亩，其中居民点及工矿用地 160295.7 亩，交通运输用地 11101.7 亩，水利设施用地 1028.7 亩；未利用地 326973.9 亩，其中未利用地 319218.6 亩，其他土地 7755.3 亩。

---

① 阳泉市农委：《阳泉市村情专题调研报告》，http：//www.sxnyt.gov.cn/sxnyt_xxsb/xxsbnybm/xxsbyqsnw/201604/t20160405_ 280456.shtml，2016-04-05。

第二节　阳泉市能源消费特征

　　近几年，阳泉市主导产业主要指标普遍下降，六大行业除了建材小幅增长外，煤炭、冶金、电力、化工、机电 5 个行业呈下行趋势，其中煤炭行业和电力行业下降趋势尤为突出，反映出阳泉的传统优势产业面临的严峻形势。此外，随着全市煤炭等传统能源可开采年限的不断减少，以煤为主形成的传统产业格局亟待调整。

　　2008 年 6 月，从陕京输气二线引进天然气经盂县郊区的 5 个乡镇 34 个村庄到达阳泉市边缘，给这座煤炭城市注入了新的能源，使这个以煤炭、生产耐火材料等著称的城市在洁净化生产和生活方面更上一层楼。阳泉天然气项目是阳泉市政府、香港华润燃气集团和省乡镇煤运集团三方战略合作的标志性工程，该项目投资 2.17 亿元，设计年输气能力为 2 亿立方米。此项目的完成，有利于阳泉能源结构的优化，促进节能减排，完善城市功能，提高城市品位；特别是对于改变以产煤、烧煤为主的产业结构，改变能源重化工基地的生产方式和人居环境，均具有冲击力。①

　　近几年，阳泉市不断因地制宜建设户用沼气、大中小型沼气工程项目，加快普及农村户用沼气和规模化畜禽养殖场沼气工程建设，沼气用户累计达到 2500 户以上。沼气使用率由 50% 提高到 70%，沼渣沼液使用率达到 95% 以上。

　　阳泉有着较好的风、光资源。在风能发电方面，阳泉以山地为主，山地面积占全市总面积的 80% 以上，风资源条件较好。此外，阳泉发展风能资源还具有极大风速低、无台风、无烟雾、极端低温高、风沙天气少等诸多优点。在光伏发电方面，阳泉光能丰富、日照时间长、云量少、空气透明度高、直接辐射强，属于资源较丰富地区，适合投资光伏电站。为了促进新能源产业发展，阳泉市制定

---

　　①　薛广勤：《绿色能源天然气输进阳泉》，《山西日报》2008 年 6 月 18 日 A02 版。

了新能源产业发展优惠政策，大力招商引资、鼓励投资建设光伏发电和风能发电项目，并已经形成一定规模的可再生能源装机规模。阳泉的光伏电站项目，与采煤塌陷区、煤矸石山生态治理、废弃或污染土地治理相结合，既解决了光电项目的土地问题，也实现了采煤塌陷区、煤矸石山土地的有效利用，并可改善这些生态受损区域的生态景观状况，一举多得。

由于对新能源产业的迫切需求，阳泉市发展规划中，以光伏、风电为代表的新能源产业成为关键要素。在阳泉市"十三五"新能源产业规划中，预计到 2020 年年底，全市风、光、电总投资将达到 326 亿元，形成电力总规模 3000 兆瓦，合计年经济效益 42 亿元，产生的社会效益与同等电量火电厂相比，每年可节约标准煤121.53 万吨，减排二氧化碳 388.83 万吨，减排二氧化硫 117 万吨，减排氮氧化物 5.85 万吨，节约用水 0.15 万吨。未来阳泉市将以新能源逐步代替传统能源，把新能源产业作为一个新的增长点，以转变经济发展方式为主线，以科学规划为引导，逐步形成生态环境优良、产业链条循环、经济效益多元的示范园区。[1]

第三节　林里村基本情况

根据中国社会科学院国情调研项目统一制定的《行政村调查表》，课题组对林里村的基本特征、土地情况、经济活动情况、基础设施与社会服务供给情况、金融与民间信贷情况、政治状况、文教情况、村财务、村公共事务以及村社保情况等进行了调研，并且通过现场调研和村委会、所属镇、所属郊区多处收集资料，调研了林里村自然环境和社会经济相关数据，较好地了解了林里村的现状。

---

[1]　王佳丽：《产业结构逐步优化，产业扩张步伐加速》，《山西经济日报》2016 年5 月 6 日 002 版。

　　林里村属于山区，位于阳泉市郊区政府所在地东南 3 千米，是阳泉市新北城建设规划的城中村，也是全区新农村建设的推进村。村北有 207 国道和阳五高速出口，村南有 307 复线，村中有旅游专线连接政府和白泉工业园区，村东有义白路和阳井线、207 国道、307 复线的交会，公路环村，四通八达。进出村道路为水泥路，路宽 10 米。村内主要道路均为水泥路，共铺装 17 千米，平均路宽 2—4 米。村内可行车道路为 11 千米，路宽 4 米。村内主要道路均有路灯。门楼牌标志明显，旅游特色已粗具规模，品牌知名度高，是带动全村以及周边形成"刘关张"忠义文化旅游持续、健康、快速发展的典型。林里村的邻村有河北村、东梁庄村、上白泉村、山头村。林里村气候为北温带大陆性季风气候，年平均气温 8.7℃—10.8℃，年平均降水量为 543.5—560.9 毫米，年平均风速 1.7—2.1 米/秒，境内大部分地区在海拔 700 米以上。

　　林里村拥有土地总面积 1200 亩，其中耕地面积 700 亩，且全为旱地；有林地面积 170 亩，森林覆盖率达 38.8%。林里村居民居住用地为 46 亩，工矿用地为 27 亩，商业设施用地为 5 亩，其他公用设施用地为 120 亩。全村闲置、抛荒耕地面积约为 70 亩，主要原因是产出太低。全村生产总值为 14142 万元，一产、二产、三产所占比重未有统计。全村共有 3 家非集体企业。2013 年年末，全村共有农户 588 户，人口数为 1309 人。无租出、包出、转出耕地的农户。

　　林里村物产丰富，主要农产品有杨桃、葡萄柚、白花菜、通菜、美国香瓜、黄瓜、红薯、小胡瓜等。全村耕地所种的主要粮食作物为玉米，当前种植面积为 410 亩，亩均劳动投入为 20 人/日，亩均经济投入为 170 元，单产为 300 千克/亩。村内资源有铁矾土、白云石、沸石等。

　　林里村人均住房面积为 29 平方米，砖瓦房户数占 80%，全村半年及一年以上空置的宅院数为 40 个。林里村户户通电，当年电

图 3-2　林里村远景

价为 0.56 元/千瓦时，当年停电时间为 10 天。村内除手机外，40%
的家庭拥有固定电话。村内设有垃圾集中堆放处，地下铺设公共污
水排放管道。村内户户通自来水，单价为 2 元/吨，当年停水时间
为 10 天，且村内拥有私人水窖 70 个。林里村设有有线广播，580
户拥有有线电视，10—20 户设有卫星电视设施，全村 100% 农户使
用彩色电视机，无黑白电视机使用情况。林里村拥有图书室 1 个，
体育健身室 1 个，村秧歌队 1 个（参加人数为 71 人），村委会定期
组织为村民放电影。林里村在正常年景下水源基本有保障，村内拥
有机电井 1 个。林里村每年举办两次农业技术讲座。

　　林里村拥有幼儿园 1 个，小学 1 所，最近的初中和最近的高中
均为距村 3 千米左右的镇中心所在地，分别为荫营二中和郊区一
中。本村的小学教职工人数共有 12 人，其中公办教师 9 人（本科
学历 2 人，大专学历 5 人，中专学历 2 人），民办教师 3 人（均为
大专学历）。本村共有小学适龄儿童 70 人，其中男 46 人，女 24

人。林里村小学学生人数为 64 人。

林里村参加新型合作医疗户数为 450 户，共 1235 人，缴费金额为 70 元/人·年。参加社会养老保险的户数为 300 户，共 700 人。林里村五保户户数为 17 户，均属于集中供养，需要村里出资 1700 元。村内享受村级养老补助的户数为 150 户，共 200 人，补助标准为 500 元/人·年。林里村党员为 74 人，男性党员 60 人，女性党员 14 人。

2013 年年末，全村共有 610 户，1710 人，其中外来户 3 户，14 人。全村共有劳动力 500 人，其中男性劳动力 410 人，女性劳动力 90 人。全村长年外出务工经商总人数为 30 人，全年在外半年以上的人口为 350 人，短期在外不足三个月的人口为 120 人。户籍迁出地人口为 30—50 人。当年有外出务工经商人口的农户为 11 户，其中举家外出的农户为 2 户，仅劳动力外出的农户为 9 户。村民外出务工主要从事服务业，外出务工或经商的主要途径均为自己联系自己找。

林里村是一个人杰地灵的地方，是全市的旅游胜地，玉泉山上有国家文物保护单位关王庙，村中有千年古刹万岁寺，都是珍贵的文化遗产。关王庙已经经历了 950 多个春秋，是我国千万座关帝武庙中保存最早的宋代古建筑，是一座错落有致、气势雄伟、左右对峙、布局合理并且有一定历史艺术、科学价值的宋代木构建筑群。玉泉山顶还将规划还原与关王庙有关的三处庙宇——玉皇庙、二郎八蜡庙、昭烈皇后祠。村中的万岁寺又名睡佛寺，坐落在村中心的寺垴上，始建于金明昌元年（1190），整个寺院建筑青砖古瓦、华木巨石，飞檐斗拱、龙脊兽头，浮雕石刻、描景彩绘，垂花门楼，结构简朴，三雕俱全，构思精巧，独具匠心。林里村近几年来围绕旅游搞绿化，围绕农民增收搞转型，在退耕还林的基础上又进行通道绿化、核桃栽植。村中街巷道路全部硬化，路灯数量增设延续，建立了图书阅览室、文体活动中心。结合村旅游景点区的特色，全村进行了庭院绿化、栽花种草。现在村里呈现了天蓝、山清、水秀、地净、气爽、环境美、生活美、人文更美的景象。林里村党总支、村委会管理民主，制定了"四议两公开"决策制度，村民诚实守信，积极创业致富。私营企业达到 6 户，个体经营商达到 60 多户，商业区规划有序，依法经营。村民能严格执行村规民约，邻里关系融洽，村民勤劳善良，村风文明和谐，每年都会进行文明户、优秀村干部、好儿女、好家庭的评选，文明创建活动带动了全村关爱老人，使得干部廉洁奉公、干群关系融洽。林里村还建立了文艺演出队，民俗活动在春节、庙会等节日定期举行，节目内容丰富多彩，艺术特色鲜明；林里村教育村民对文化遗产进行严格管理和保护，使宋代建筑关王庙至今保存完好，明清建筑万岁寺更显神威，林里村的旅游业也走入了可持续的产业化发展进程中。

林里村有耐火厂和粉末厂两个主导企业，村民就业得到了保障。粉末冶金公司建成于 1995 年，2003 年改制成为私营企业，2011 年合并成为煤销万德有限责任公司，企业职工 400 人，公司总资产达 1 亿元，产品畅销浙、川、渝等省和美日韩及东南亚国家，累计纳税 5000 余万元，累计捐资扶贫、支教、助残、治河、修路、抗震等公益事业 500 余万元，安排就业再就业劳动力 400 余人，为支援国家建设、发展地方经济、改善人民生活做出了重要贡献。林里耐火厂建成于 1958 年，2003 年改制成为私营企业，企业职工 150 人，年上缴税收 300 余万元。

第四节　林里村的发展变化

近几年，林里村农民收入稳步增长，收入结构发生转变，工资性收入、经营性收入比重下降，转移性、财产性收入比重快速上升；农民收入在保持快速增长的同时，收入结构也呈现多元化发展趋势。在农民家庭经营收入中，农业、畜牧业、运输业和商业四项占到家庭经营性收入的大部分，全村农民收入全部高于贫困标准，无收入在 2800 元以下的农户。但是，林里村集体经济日渐衰退，特别是近年来受经济下行影响，村集体经济遭受重创。

林里村农村人口减少，劳动力变化特征明显。阳泉市城镇发展总体呈现为城镇建设规模逐步扩大，建成区面积逐年增加，人口规模聚集加快，近郊村的人口逐步城镇化。^① 从 2005 年到 2012 年，随着非农经济的发展，从事第一产业人员持续减少。2013 年，伴随着经济下行压力加大，一些社会资本涌向了村里，转向发展农业，部分在外务工的农村劳动力回到了农村。但是，农村劳动力就地转移特征比较明显，转移方向主要为农村工业。从从事职业上来看，外出农村劳动力多数是从事农村工业、建筑业、交通运输仓储业、商业零售餐饮服务业等。在村内从事第一产业的多为老人、妇女，从事二、三产业的多为青壮年。反映出，当前村里常驻人口以老人、妇女、儿童居多。

基础建设成效明显，村容村貌持续向好。在阳泉市积极实施两轮"五个全覆盖"下，林里村农村水、电、路、通信、能源的基础设施发生显著变化，实现了硬化路到户，煤气、天然气进村，农村能源结构优化。在农村公共服务方面，进行了村级幼儿园改扩建，改善农村医疗卫生条件，农村学校实现了"两免一补"。在农村建设中，林里村正在按照"村容整洁环境美、村强民富生活美、乡风文明和谐美"四个方面的要求不断改善，努力建设成为望得见山、看得见水、记得住乡愁的幸福家园。

---

① 阳泉市农委：《阳泉市村情专题调研报告》，http：//www. sxnyt. gov. cn/sxnyt_xxsb/xxsbnybm/xxsbyqsnw/201604/t20160405_ 280456. shtml，2016-04-05。

第四章

林里村家庭能源使用现状调查

　　林里村家庭能源使用现状调研，首先调研受访家庭人口数量、学历、住房、收入等家庭基本情况；其次，对林里村家庭生活能源消费种类、能源消费结构、能源消费量等进行调研分析。

第一节　家庭基本情况

一　抽样农户家庭基本情况数据调查

　　林里村能源使用状况调研的前提是对农户家庭基本情况的了解。本课题对 52 个抽样农户进行了与家庭能源消费直接相关的人口数量、学历、住房、收入等方面的调查，具体情况见表 4-1。

表 4-1　　　　　　　　　林里村 52 个抽样农户基本情况

户编号	家庭户籍人口（人）	常住人口（人）	最高学历	房屋类型	房屋面积（平方米）	家庭总收入（万元）
1	4	4	高中	楼房	150	14.00
2	3	3	大学	土窑洞	170	9.60
3	5	5	初中	土窑洞	180	12.80
4	7	6	大学	楼房	150	10.80

续表

户编号	家庭户籍人口（人）	常住人口（人）	最高学历	房屋类型	房屋面积（平方米）	家庭总收入（万元）
5	4	4	初中	土窑洞	100	13.00
6	5	5	中专	楼房	150	15.00
7	7	7	高中	土窑洞	200	10.20
8	2	2	初中	土窑洞	150	1.80
9	3	3	初中	楼房	150	7.80
10	2	2	初中	土窑洞	110	2.00
11	4	4	大学	土窑洞	100	2.00
12	4	3	高中	平房	110	6.00
13	4	2	大专	平房	120	1.60
14	3	3	初中	平房	120	3.00
15	5	5	高中	砖窑洞	160	3.00
16	3	2	大专	平房	120	2.00
17	3	3	初中	砖窑洞	150	7.50
18	1	1	初中	土窑洞	320	0.60
19	4	3	大学	砖窑洞	120	2.00
20	4	4	初中	平房	120	1.80
21	3	3	初中	平房	160	3.00
22	3	3	初中	楼房	150	3.00
23	5	4	高中	平房	150	24.00
24	4	4	高中	砖窑洞	50	8.00
25	2	2	大学	砖窑洞	110	2.00
26	3	3	高中	平房	200	3.00
27	3	3	初中	砖窑洞	120	2.70
28	3	3	初中	砖窑洞	120	1.80
29	2	2	高中	土窑洞	100	0.20
30	3	3	高中	楼房	150	3.30
31	3	3	初中	平房	200	4.50
32	3	3	高中	平房	200	9.00
33	4	4	高中	楼房	150	2.80

续表

户编号	家庭户籍人口（人）	常住人口（人）	最高学历	房屋类型	房屋面积（平方米）	家庭总收入（万元）
34	4	4	高中	楼房	150	8.00
35	4	4	高中	楼房	150	11.20
36	3	3	初中	平房	150	4.60
37	4	2	初中	平房	100	4.40
38	4	3	高中	楼房	150	11.40
39	3	2	中专	土窑洞	60	3.00
40	3	3	高中	平房	100	4.00
41	3	3	高中	平房	100	4.20
42	4	4	高中	楼房	140	6.00
43	4	3	大专	砖窑洞	160	5.00
44	6	3	大学	砖窑洞	80	9.00
45	3	3	初中	砖窑洞	50	3.00
46	5	5	大学	楼房	150	12.00
47	3	3	初中	土窑洞	110	4.00
48	5	5	高中	楼房	150	5.60
49	2	2	小学	土窑洞	110	1.50
50	1	1	小学	平房	20	1.00
51	4	4	大专	平房	100	2.00
52	5	5	初中	平房	100	4.00

说明：本书中各种数字，因四舍五入的原因，有可能出现某些差异，敬请谅解。

二 抽样农户家庭基本情况分析

1. 户籍人口状况

从被抽样调研农户家庭的户籍人口总数统计来看，林里村被调研农户家庭总人口基数小，被调研的 52 户农户家庭的人口总数在 1—7 人范围内，主要是 2—3 人户家庭和 4—5 人户家庭，其中 2—3 人户家庭占总数的 46.15%，4—5 人户家庭占总数的 48.07%（见表 4-2 和图 4-1）。在入户调查中还发现，家庭中多数为拥有 1 个子女或者 2 个子女的家庭，3 个子女及以上的家庭较少，可以看出计划生育政策在林里村落实较好。

表 4-2　　　　　　　不同规模家庭人口的户数和比例

户人口总数	1 人户	2—3 人户	4—5 人户	6—7 人户
户数（户）	2	24	24	3
比例（%）	3.85	46.15	44.23	5.77

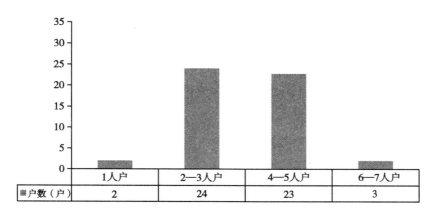

■户数（户）	2	24	23	3
	1人户	2—3人户	4—5人户	6—7人户

图 4-1　不同规模家庭人口的户数柱状图

2. 常住人口状况分析

从被调研农户家庭的常住人口数来看，林里村的常住人口大趋势基本上是减少的，减少的原因主要是升学、打工或者随子女搬迁，但是减少趋势不算很快，绝大多数农户还是常住人口等于户籍人口（见表 4-3 和图 4-2）。通过调研发现，由于林里村有耐火厂、粉末厂等私人企业或者村办企业，且由于林里村为近郊村，与村所在镇中心区、阳泉市中心相距很近（距离镇中心区约 2 千米，距离市中心约 6 千米），本地就业机会较多，即使在城里、镇里打工，在本村生活也较为便利，当地人出省、市打工较少（此现象也与阳泉人不愿远离家乡外出打工有关，更深层次的原因是以前阳泉市煤炭资源丰富，村属小煤窑很多，在乡村就近都能找到工作）。随着煤炭产业的下滑以及小煤窑逐渐关闭整顿，很多人口失业，才倒逼一些本地农民必须走出村、走出镇解决生计。但多数农户是在本地企业、镇上、市里工作或打工，晚上回本村居住。入户调研发现，所有农户家庭中均有人在外打工，纯农户已基本消失，但是在外打工的村民晚上大多会回本村居住。

表 4-3   户籍人口与常住人口比较户数分析

常住人口与户籍人口的比较	常住人口小于户籍人口	常住人口等于户籍人口	常住人口比户籍人口少1人	常住人口比户籍人口少2人	常住人口比户籍人口少3人及以上
户数（户）	11	41	8	2	1
比例（%）	21.15	78.85	15.38	3.85	1.92

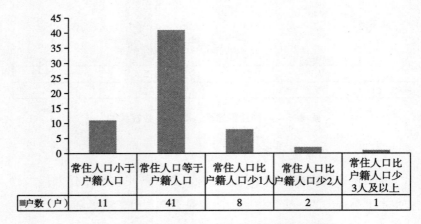

图 4-2 户籍人口与常住人口比较户数柱状图

3. 学历状况分析

从被调研农户家庭的最高学历来看，农村中的农户家庭整体文化程度还有待提高（见表 4-4 和图 4-3）。最高学历为大专、本科及以上的家庭为 11 个，占被调研农户的 21.15%，这样的比例在这个本科扩招和大学考试门槛降低的时代并不算高。林里村学历主体还是高中、中专及义务教育阶段内学历，大学生和研究生这样的高学历并不多，正因为偏低的学历状况，导致了林里村总体知识水平不高。村民的新能源使用和节能消费意识都有待提高。

表 4-4　　　　　　　　不同学历的农户数量和比例

最高学历	大专、本科及以上	高中或中专	初中	小学及以下
户数（户）	11	20	19	2
比例（%）	21.15	38.46	36.54	3.85

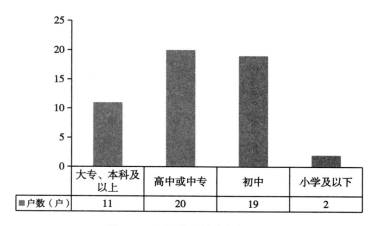

■户数（户）	大专、本科及以上	高中或中专	初中	小学及以下
	11	20	19	2

图 4-3　不同学历的户数柱状图

4. 居住状况分析

从被调研农户家庭的房屋类型和居住面积来看，房屋类型主要为四种：土窑洞、砖窑洞、平房、楼房。从比例来看，各种类型的房屋数量基本持平（见表 4-5 和图 4-4）。在林里村最早出现的是土窑洞，即在黄土层中挖洞筑窑。

表 4-5　　　　　　　　拥有不同类型房屋的农户数量和比例

不同房屋类型	土窑洞	砖窑洞	平房	楼房
户数（户）	12	10	17	13
比例（%）	23.08	19.23	32.69	25.00

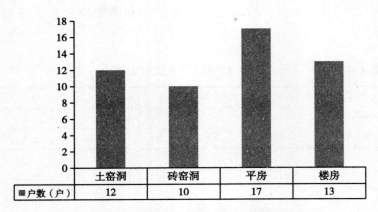

图 4-4　拥有不同类型房屋的农户数量柱状图

　　随着经济发展和建筑技术的提高以及生活条件的改善，房屋类型逐步向砖窑洞、平房、楼房转变。从房产面积来看，林里村农户家庭房产面积集中在 100—199 平方米范围（见表 4-6 和图 4-5）。

表 4-6　　　　　　　不同农户家庭房产面积的户数和比例

房屋面积	0—99 平方米	100—199 平方米	200—299 平方米	300 平方米以上
户数（户）	5	42	4	1
比例（%）	9.62	80.77	7.69	1.92

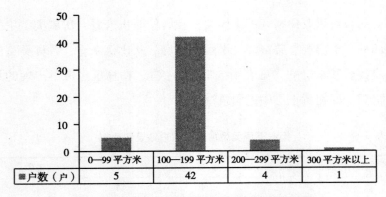

图 4-5　不同农户家庭房产面积的户数柱状图

5. 农户姓氏分析

从被调研农户家庭的人口姓氏来看，户主为"王"姓的占84.62%，户主为其他姓氏的占15.38%（见表4-7），分别是"李、黄、窦、赵、任、梁、史"。整个林里村以"王"姓人口为主，体现出山西山地型农村的家族聚集性。在此调研对象所在的郊区还有很多这样的姓氏集中的村落，例如任家峪（以"任"姓人口为主）、邓家峪（以"邓"姓人口为主）、苇泊村（以"张"姓人口为主）等。

表 4-7　　　　　　　户主姓氏不同家庭的数量和比例

姓氏	"王"姓家庭户数	其他姓氏家庭户数
户数（户）	44	8
比例（%）	84.62	15.38

6. 农户从事农业和非农业的相关分析

由于某些调研障碍，本项调研仅进行了52个抽样户户主的调查。以从事农业和非农业的时间和就业种类来看，户主除了按照时节种植、收获进行农业劳动外，多数在外寻找机会进行非农业劳动并获取报酬，完全从事农业的比例为0。从表4-8和图4-6看出，户主完全从事非农业的比例最高，从事非农业时间低于180天的户主比例与从事非农业时间高于180天的户主比例相等。

表 4-8　　　　　　从事不同非农业时间的农户户主数量和比例

从事农业的状况	完全从事农业	从事非农业时间低于180天	从事非农业时间高于180天	完全从事非农业
户数（户）	0	15	15	22
比例（%）	0	28.85	28.85	42.30

从调研访谈来看，林里村的农民户主在外主要从事批发零售、交通运输、建筑、采矿以及其他服务等行业。外出从事非农业劳动

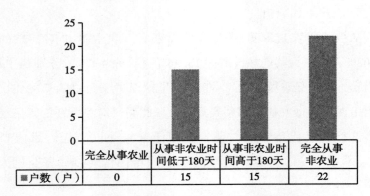

图 4-6   从事不同非农业时间的农户户主数量柱状图

的就业方式主要是自营、打零工和作为长期雇工，自营和打零工的比例最高（见表 4-9 和图 4-7），并且主要是靠自己积累的人脉和关系寻找工作。

表 4-9   外出打工的农户户主的就业方式分类数量和比例

就业方式	自营	打零工	长期雇工	雇主	公职
户主数量（户）	20	18	11	2	1
比例（%）	38.46	34.62	21.15	3.85	1.92

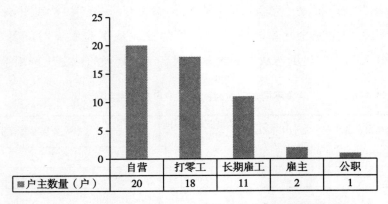

图 4-7   外出打工的农户户主的就业方式分类数量柱状图

林里村农户非农业的从业地点主要是村内、村外乡内或者乡

外县内，其中在村内和村外乡内的比例最高，出省的比例为 0
（见表 4-10 和图 4-8）。调研访谈发现，林里村 18—60 岁的男性
劳动力主要参加非农业劳动，女性劳动力除了种地，其他时间在
家赋闲的较多。

表 4-10　外出打工的农户户主的不同工作地点的数量和比例

从业地点	村内	村外乡内	乡外县内	县外省内	省外
户主数量（户）	21	17	9	5	0
比例（%）	40. 38	32. 69	17. 31	9. 62	0

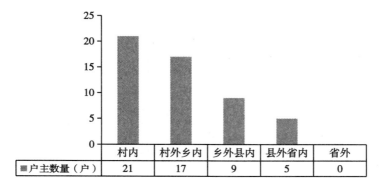

	村内	村外乡内	乡外县内	县外省内	省外
■户主数量（户）	21	17	9	5	0

图 4-8　外出打工的农户户主的不同工作地点的数量柱状图

7. 村庄变迁分析

从课题组对林里村及阳泉市其他村落的走访来看，随着阳泉
市城镇化步伐的加快，一部分地势偏远、经济落后的行政村日益
萧条，这样的行政村户籍人口与常住人口差别较大，村内平时基
本看不到青壮年，空心化村比例正在逐步提高。而另一部分像林
里村这样的近郊村、周边村、镇区村、工业园区周边村，由于地
理位置优越，就业机会较多，村民就业状况较好，本村主动营造
优美环境和公共设施，呈现出比较好的发展态势，有演变为新型
社区的趋势。

第二节 家庭生活能源的种类及结构

一 农村家庭生活能源消费统计

根据能源的性质，农村生活能源可分为商品能源（煤、电、油、液化气等）和非商品能源（包括秸秆、薪柴、畜禽粪便、沼气等生物质能源和风能、太阳能等可再生能源）。秸秆和薪柴等传统生物质能源在家庭能源中已较少使用，小部分家庭使用了太阳能热水器。林里村家庭能源消费以商品能源为主，具体情况见表4-11。

表4-11　　　　　林里村52个抽样农户商品能源使用情况

户编号	常住人口（人）	使用煤炭数量（吨）	使用蜂窝煤数量（块）	使用电数量（度）	使用天然气（立方米）	使用液化气（千克）	使用汽油（升）	家庭住址离购买点距离（千米）
1	4	6	—	360	400	—	—	10
2	3	2	—	1560	—	—	—	—
3	5	3	—	700	—	—	—	—
4	6	4	—	250	—	—	—	10
5	4	5	—	1200	—	—	50	20
6	5	3	—	4800	—	—	1200	—
7	7	5	—	700	—	—	—	—
8	2	3	—	720	—	—	—	—
9	3	4	—	1200	—	—	—	20
10	2	4	—	300	—	—	—	—
11	4	2	—	300	—	—	—	10
12	3	2	1200	480	—	—	—	5
13	2	1.5	—	840	—	192	—	5
14	3	3.5	—	1200	—	—	—	—
15	5	5	—	1200	—	—	—	5
16	2	2	—	480	—	—	240	2
17	3	4	—	800	—	—	125	5

续表

户编号	常住人口（人）	使用煤炭数量（吨）	使用蜂窝煤数量（块）	使用电数量（度）	使用天然气（立方米）	使用液化气（千克）	使用汽油（升）	家庭住址离购买点距离（千米）
18	1	2	—	480	—	—	—	10
19	3	3	—	600	—	—	48	10
20	4	2	2000	300	—	—	—	—
21	3	3	—	600	—	—	—	10
22	3	1	—	300	—	—	50	5
23	4	2	—	480	4000	—	750	20
24	4	4	—	873	—	—	—	—
25	2	5	—	800	—	—	—	5
26	3	4	—	300	—	—	—	5
27	3	4	—	300	—	—	—	10
28	3	2	—	300	—	—	—	10
29	2	2	—	300	—	—	—	10
30	3	3	—	300	—	—	—	10
31	3	3	—	600	—	—	—	20
32	3	3	—	600	—	940	—	—
33	4	2	—	480	—	230	—	20
34	4	3	—	360	—	—	—	20
35	4	6	—	800	—	—	—	—
36	3	4	—	1000	—	—	—	—
37	2	2	1500	480	—	—	—	10
38	3	6	—	1000	—	—	—	—
39	2	2	100	480	—	—	—	5
40	3	3	—	400	200	920	—	10
41	3	3	—	500	—	—	400	12
42	4	3	—	400	180	—	—	—
43	3	4	—	300	—	—	—	5
44	3	5	—	800	—	—	—	5
45	3	3	—	450	—	—	—	3

续表

户编号	常住人口（人）	使用煤炭数量（吨）	使用蜂窝煤数量（块）	使用电数量（度）	使用天然气（立方米）	使用液化气（千克）	使用汽油（升）	家庭住址离购买点距离（千米）
46	5	5	—	350	200	—	400	10
47	3	3		600	—			10
48	5	5	500	1000	—			8
49	2	4	—	780				
50	1	1		300				5
51	4	1		300	200			10
52	5	1.5		300				10

二 农村家庭生活能源消费种类及使用户数分析

从调研数据来看，林里村的家庭主要生活能源消费类型为煤炭（包括成型炭和蜂窝煤）、电、天然气、液化气（罐装煤气）、太阳能、汽油等。煤炭和电是村民最普遍的选择，100%的农户使用煤炭和电。从农户使用能源种类的户数来看，从高到低依次是煤炭、电、汽油、太阳能、天然气、液化气、蜂窝煤（见表 4-12 和图 4-9）。

表 4-12　　　　　　　　不同类型能源使用的户数和比例

能源种类	煤炭	蜂窝煤	电	天然气	液化气	汽油	太阳能	薪柴或秸秆
户数（户）	52	5	52	6	4	9	8	0
比例（%）	100	9.62	100	11.54	7.69	17.31	15.38	0

具体分析来看，100%的农户家庭选择使用煤炭作为生活最基础的能源，但是煤炭的使用途径多样、购买类型也多样，有的农户选择购买成型炭，有的选择购买蜂窝煤，少数家庭拾炭作为补充生活能源等。林里村所在的郊区以及上一级行政单位阳泉市煤炭资源

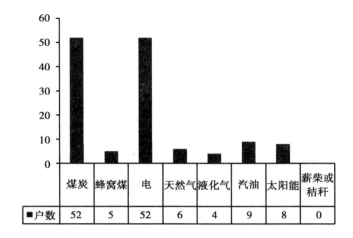

图 4-9　不同类型能源使用的户数柱状图

丰富，煤炭价格便宜，农户家庭形成了煤炭使用的习惯，所以多数家庭使用煤炭烧火、做饭、取暖。且林里村有相关政策，每户家庭 1 年免费补贴 1 吨煤作为生活之需。其次是电能，农户使用电能的比例也是 100%。随着社会发展和生活水平的提高，越来越多的家庭更大比例地用电替代煤炭来取暖、做饭。少数家庭拥有小汽车或者摩托车，则会使用汽油等能源，使用摩托车的农户汽油消耗相对较少，使用汽车的农户能源消耗较多。一部分家庭使用太阳能，主要用途是烧热水和洗浴。林里村有部分家庭使用天然气，在调研中注意到，农户是否使用天然气与天然气管道铺设有很大关系。由于林里村属于山区，天然气管道基本沿着山谷铺设，在山谷居住的农户有机会选择是否使用天然气作为日常生活能源，而在山坡或者离主管道较远的原土窑洞农户受到各种限制未能实现天然气入户，所以即便有天然气使用意愿也无法使用。一直是农村主要生活能源的薪柴和秸秆目前在林里村基本很少使用，社会进步、环境保护力度的加强以及薪柴砍伐人力成本高是薪柴较少使用的主要原因。

三 农户购买商品性生活能源的状况分析

调研访谈发现，农户购买商品性生活能源支出介于550—10000元之间。农户因为经济条件不同，生活需求不同，能源使用量差别明显。部分家庭拥有汽车和摩托车则使用汽油，部分家庭使用太阳能，部分家庭为了快捷方便使用液化气罐，部分具备通入天然气条件的家庭使用上了天然气，总之，各家庭个体差异较大。还有部分特殊家庭拾炭来补充家用能源。在以前小煤窑未关停和煤炭经济较好的年份，处处都有拉煤车并在路边散落煤炭，被部分农村家庭拾起补贴家用，但随着煤炭经济的下滑，小煤窑的关停，拾煤的可能性越来越小，时间成本越来越大，更多家庭放弃了这种能源获取途径。

四 农户购买商品性生活能源的距离分析

从商品性生活能源种类来看，煤炭、蜂窝煤、液化气、汽油需要外出购买，其他商品性能源为直接入户使用，计量收费。从家庭住址离商品性生活能源购买点的距离来看，范围在5—15千米，但是此距离仅为理论距离。调研发现，目前多数商品煤、蜂窝煤、液化气都可以通过打电话订购，商家会把商品煤送至家门口，很少有家庭自己派车或者雇车去拉的情况。农户的摩托车、家用小汽车使用的汽油可以在村外3千米的加油站解决。所以，农户购买商品性生活能源基本不存在距离问题，距离不会影响到农户对生活能源的购买选择。

第三节 家庭生活能源消费组合

一 家庭生活能源消费组合整体分析

根据能源阶梯模型，在农村家庭所用能源向高级能源转变的同时，村民会放弃使用低级能源。从林里村的调研结果来看，林里村家庭的能源使用在不断放弃低级能源的基础上，不断优化能源组合使用选择，农村家庭生活能源消费表现出鲜明的能源组合特征。①

　　为更清楚地了解村民生活能源选择的情况，课题组对村民生活能源消费品种进行了归类分析。统计分析发现，村民生活能源消费品种的选择呈现多样化组合。在调查样本中，所有的家庭都同时使用两种及以上的生活能源。其中，使用两种生活能源的家庭最多，占样本总数的51.92%；其次是使用3种生活能源的家庭，占样本总数的32.69%；使用4种生活能源的家庭，占样本总数的13.46%；使用5种生活能源的家庭很少，只占样本总数的1.92%（见表4-13和图4-10）。

　　在各种生活能源消费组合中，农村家庭能源组合常见的是"煤炭+电""煤炭+电+汽油""煤炭+电+太阳能""煤炭+电+天然气+X"（X指其他任意能源类型）。山坡农户以"煤炭+电"为主；沟谷农户以"煤炭+电+天然气+X"为主；收入较高的家庭以"煤炭+电+X"或"煤炭+电+X+X"为主；低收入家庭则以"煤炭+电"为主。能源组合现象反映出农村家庭能够充分利用自身拥有的各种能源，以实现效用最大化。传统的生活能源秸秆和薪柴在前3种组合中已基本消失。

　　总体来看，林里村家庭生活能源消费中"煤炭+电"为基本配置；炊事、取暖等维持基本生活需求的用能占绝大部分，改善生活质量的照明、娱乐和卫生等用能较少；随着农户生活质量的不断提高，林里村生活能源的需求量将不断增长、消费结构逐步转换，其生态经济效益必将发生明显变化，并将对农户的生活能源消费行为和政府的农村能源政策产生影响。

---

　　① 李国柱、安红梅、吕南诺等：《吉林省农村生活能源消费结构分析》，《湖北农业科学》2013年第5期。

表 4-13　　　　不同家庭生活能源消费组合的户数和使用比例

能源消费类型	户数（户）	使用比例（%）
煤炭+电+天然气+汽油+太阳能	1	1.92
煤炭+电+罐装液化气+太阳能	2	3.85
煤炭+电+汽油+太阳能	1	1.92
煤炭+电+天然气+罐装液化气	2	3.85
煤炭+电+天然气+汽油	2	3.85
煤炭+电+罐装液化气	3	5.77
煤炭+电+汽油	8	15.38
煤炭+电+天然气	2	3.85
煤炭+电+太阳能	4	7.69
煤炭+电	27	51.92

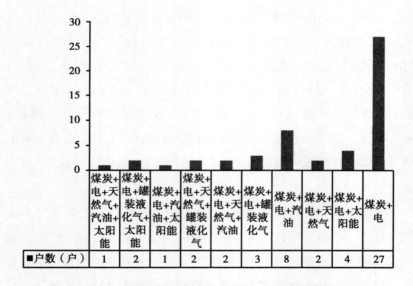

图 4-10　不同家庭农户生活能源消费组合的户数柱状图

二　不同房屋类型的家庭生活能源消费组合分析

调研数据显示，居住楼房和平房的农户的能源消费类型更加多样（见表4-14）。分析原因有三：一是居住条件改善为楼房和平房的农户本身经济条件较好，生活水平较高，使用能源种类多；二是居住条件的改善，伴随着配套设施相应改善，使用各种能源更为方便；三是砖窑和土窑改善为楼房和平房，从山上或者山腰搬迁至通天然气设施的河谷地带，使用天然气、购买其他便捷性能源更方便。

表 4-14　　　　　不同房屋类型的农户生活能源消费组合　　　单位：户

能源消费类型	楼房和平房	砖窑洞和土窑洞
5 种能源类型	1	0
4 种能源类型	7	0
3 种能源类型	14	3
2 种能源类型	8	19

第四节　家庭生活能源消费量和消费强度

一　家庭生活能源消费量计算依据

为了便于各类型能源消费量的横向比较，本课题以《综合能耗计算通则》（GB/T 2589—2008）为标准，将各种能源换算成标准煤时的标准量。[①] 本课题具体涉及的能源换算标准如表4-15所示。

表 4-15　　　　　　各种能源折标准煤的换算系数

能源类型	原煤	蜂窝煤	电	天然气	液化气	汽油
换算系数	0.7143 千克标准煤/ 千克	0.68 千克标准煤/ 块	0.1229 千克标准煤/ 千瓦时	1.3300 千克标准煤/ 立方米	1.7143 千克标准煤/ 千克	1.4714 千克标准煤/ 千克

二　家庭生活能源消费量与消费强度总体分析

根据以上换算方法计算得出，2012 年林里村的能源消费总量为

---

① 《综合能耗计算通则》（GB/T 2589—2008）。

143894.9 千克标准煤。从不同能源类型的能源消费量来看，从高到低排序依次是煤炭、天然气、汽油、电、液化气（见表 4-16 和图 4-11）。

表 4-16　　　不同能源类型的农村家庭能源消费量和比例结构

能源类型	年消费量（千克标准煤）	比例（%）
煤炭	123953.55	86.14
电	4338.74	3.02
天然气	6889.40	4.79
液化气	3912.03	2.71
汽油	4801.18	3.34
薪柴或秸秆	0	0

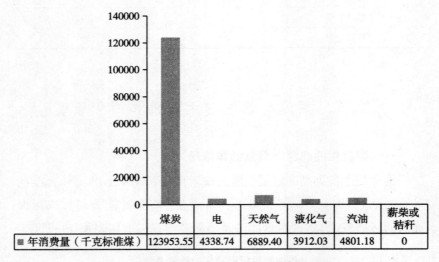

	煤炭	电	天然气	液化气	汽油	薪柴或秸秆
■年消费量（千克标准煤）	123953.55	4338.74	6889.40	3912.03	4801.18	0

图 4-11　不同能源类型的农村家庭能源消费量柱状图

农村生活能源消费强度由户均消费量和人均消费量表示，反映了农民生活能源的消费水平。林里村年户均生活用能为 2802.07 千克标准煤，人均能源消费量为 842.23 千克标准煤（见表 4-17）。

表 4-17　　　　　　　2013 年村民生活能源实物消费量　　单位：千克标准煤

项目	煤炭	电	天然气	液化气	汽油	薪柴或秸秆
户均消费量	2424.50	83.44	132.49	69.31	92.33	0

项目	煤炭	电	天然气	液化气	汽油	薪柴或秸秆
人均消费量	728.75	25.08	39.82	20.83	27.75	0

三　农村家庭不同类型能源消费量分析

农村家庭不同类型能源消费量中，排名第一的是煤炭，占86.52%。这与冬季农村无其他合适的取暖能源和取暖方式有关。用电取暖日常运行费较贵、太阳能房初始造价高，村民只好采用相对便宜的煤取暖。一旦太阳能取暖造价大幅下降或经济条件允许，价格不断上升、污染大的煤炭也可能被替代。排名第二的天然气，占4.72%，这与西气东输通过本村，天然气管道铺入部分村宅有关。电排名第四，人均消费量占总量的2.97%，这与村民收入水平提高、稳定较低的电价、电的用途广泛及农村生活习惯趋向城市化有很大关系。液化气占2.47%，由于其市场价格较贵且用途单一，液化气人均消费量在总能耗中所占比例并不大（见表4-16）。燃油主要是用于摩托车和家用小汽车的汽油，摩托车和家用小汽车在农村地区已相当普遍。经过计算，在林里村每辆摩托车年均燃用汽油约65升，折合标准煤为66.93千克标准煤；每辆小汽车年均燃用汽油约215升，折合标准煤为221.38千克标准煤，量不大。

对于非商品性能源类型来说，沼气和太阳能等在林里村虽有一定数量的使用，但对改善农村能源结构的作用尚不明显。因为农户中留守人员多为老人、孩子，无力维护沼气池，说明在类似经济较发达的农村，户用沼气推广效果有限，政府应充分利用当地大量的生活及农田废弃物，积极推进建设以村为单位的大、中型沼气池，实行商业化、社会化运作，为村民集中供气。秸秆和薪柴在林里村的使用消费量为零，因为生活方式变化和生活节奏加快，村民生活用能更多地选择方便快捷的能源，仅在办婚丧嫁娶时使用柴火锅做宴席菜，且已经很少，宴席逐渐转向餐厅包桌宴请，因此传统的生物质能源（薪柴、秸秆）在调查区已处于可有可无的地位。农户生活中选用什么样的能源类型是农户在现有条件下考虑能源的经济成本、可获得性、使用便利性和清洁性等因素后的综合选择。农户在选择家庭常用能源时，通常首先考虑消费成本，其次是使用是否便利。

四　农村家庭能源消费量与农户收入的分析

课题组对农户家庭生活能源消费与农户家庭收入的相关性进行分析，认为农村家庭生活能源消费与 6 万元以上的农户家庭收入的相关性明显，农村家庭能源消费与 6 万元以下的农户家庭收入无明显相关关系（见图 4-12 和图 4-13）。基本结论是：家庭收入 6 万元以上，农户家庭总收入越高，家庭生活能源消费越高。

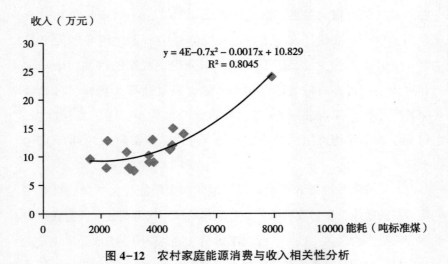

图 4-12　农村家庭能源消费与收入相关性分析

（仅分析大于 6 万元收入户）

五　家庭能源消费量与农户其他属性要素的关系分析

课题组除了分析农村家庭能源消费量与收入的相关性，还结

收入（万元）

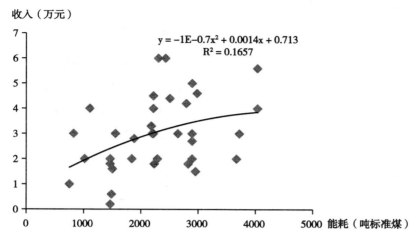

$$y = -1E-0.7x^2 + 0.0014x + 0.713$$
$$R^2 = 0.1657$$

图4-13　农村家庭能源消费与收入相关性分析

（仅分析小于等于6万元收入户）

合问卷以及实际访谈内容，分析了农村家庭生活能源消费量与农户最高学历、家庭人口规模及所居住房屋类型的关系。

1. 农村家庭能源消费量与农户最高学历的相关关系

课题组分析了不同最高学历的农户的家庭生活能源消费量（见表4-18和图4-14）。数据表明，被抽样农户中最高学历为小学及以下水平的农户家庭人均生活能源消费最低，最高学历为初中水平的农户人均能源消费最高，大专、本科学历和高中、中专学历的介于两者之间。调研访谈也反映出，最高学历为小学及以下水平的农户家庭人均生活能源消耗低与低学历农户的收入水平总体较低有关，收入低导致生活用能更为节约。大专、本科学历和高中、中专学历农户比初中学历农户人均能源消耗低与节能意识和节能措施有关。

表4-18　　　　　最高学历不同的农户能耗比较　单位：千克标准煤/年

最高学历	大专、本科及以上	高中或中专	初中	小学及以下
人均能耗	768.83	818.57	1057.58	755.27

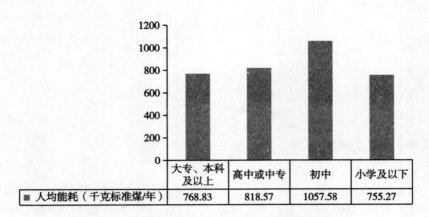

	大专、本科及以上	高中或中专	初中	小学及以下
▮ 人均能耗（千克标准煤/年）	768.83	818.57	1057.58	755.27

图 4-14　最高学历不同的农户能源消费量柱状图

2. 农村家庭生活能源消费量与农户家庭人口规模的相关关系

课题组分析了农村家庭生活能源消费量与农户家庭人口规模的关系（见表 4-19 和图 4-15）。数据表明，1 人户家庭人均能源消费最高，其次是 2—3 人户家庭、4—5 人户家庭，6—7 人户家庭人均能源消耗最低。调研访谈反映出，家庭规模大，家庭能源使用更有集约效应和规模效应，同一农户家庭中的人口在采暖、制冷、炊事等方面可以共同分担，人均消耗就更低。

表 4-19　　　　不同人口规模家庭的人均能源消费量比较

单位：千克标准煤/年

户人口总数	1 人户	2—3 人户	4—5 人户	6—7 人户
人均能源消费量	1119.38	1012.55	753.80	503.50

3. 农村家庭生活能源消费量与农户居住房屋类型的关系

课题组分析了农村家庭生活能源消费量与农户居住房屋类型的关系（见表 4-20 和图 4-16）。数据表明，农户家庭人均能源消费由低到高的房屋居住类型依次是：土窑洞、楼房、平房、砖窑洞。

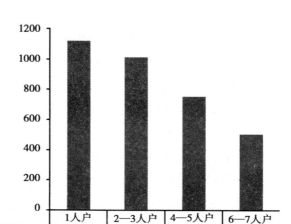

■ 人均能源消费量（千克标准煤/年）	1人户	2—3人户	4—5人户	6—7人户
	1119.38	1012.55	753.80	503.50

图4-15　不同人口规模家庭的能源消费柱状图

表 4-20　　　　拥有不同类型房屋的农户的人均能耗比较

单位：千克标准煤/年

不同房屋类型	土窑洞	砖窑洞	平房	楼房
人均能源消费量	745.10	1081.75	965.54	793.48

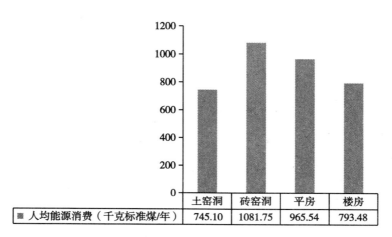

■ 人均能源消费（千克标准煤/年）	土窑洞	砖窑洞	平房	楼房
	745.10	1081.75	965.54	793.48

图4-16　拥有不同类型房屋的农户的人均能源消费量柱状图

调研访谈反映出，住土窑洞的农户家庭人均能源消费最低，是因为住土窑洞的农户家庭收入较低，能源使用节约，能源使用类型较单一，使用量低。其次是楼房农户家庭和平房农户家庭的人均能源消费较低，原因是楼房户和平房户的能源设施利用条件好，且楼房户和平房户家庭经济条件相对较好，收入相对较高，使用太阳能等可再生能源和具有规模效应的锅炉系统等的农户多。楼房户和平房户都是后来新盖的房屋，且多数为村里新批地，建设在集中规划建设的新村区域（处于沟谷地带），有天然气管道设施配置。人均能源消费最高的是砖窑洞农户，砖窑洞农户能源使用的节约意识总体上来说不如土窑洞住户，而使用太阳能等可再生能源和具有规模效应的锅炉系统等的条件也不好，所以导致人均能源消费最高。

第五章

林里村家庭生活能源
使用分项调查

农村地区家庭生活用能项目包括炊事、取暖、照明及家用电器等，其中最主要的用能项目是炊事和取暖。本章主要针对林里村家庭能源消费的主要类型进行分析。

第一节 家庭生活供暖项分析

一 林里村农户供暖项调查

经过 52 个样本户的家庭生活能源供暖消费调研，整理出家庭生活供暖能源消费数据，作为分析基础（见表 5-1）。

表 5-1 林里村 52 个样本户的取暖状况

户编号	常住人口（人）	房屋面积（平方米）	房屋类型	供暖方式	供暖所用工具	每年供暖花费金额（元）	每年供暖消费能源种类
1	4	150	楼房	自供暖	燃气炉	2500	天然气
2	3	170	土窑洞	自供暖	单煤炉	1200	煤炭、煤饼、电
3	5	180	土窑洞	自供暖	单煤炉	1400	煤炭、煤饼
4	6	150	楼房	自供暖	单煤炉	600	拾来的炭

户编号	常住人口（人）	房屋面积（平方米）	房屋类型	供暖方式	供暖所用工具	每年供暖花费金额（元）	每年供暖消费能源种类
5	4	100	土窑洞	自供暖	单煤炉	1000	煤炭、煤饼
6	5	150	楼房	自供暖	锅炉系统	1900	煤炭
7	7	200	土窑洞	自供暖	单煤炉	2400	煤炭、煤饼
8	2	150	土窑洞	自供暖	单煤炉	1000	煤炭、煤饼
9	3	150	楼房	自供暖	单煤炉	2500	煤炭
10	2	110	土窑洞	自供暖	单煤炉	1200	煤炭、煤饼
11	4	100	土窑洞	自供暖	单煤炉	1000	煤炭、煤饼
12	3	110	平房	自供暖	单煤炉	1200	煤炭
13	2	120	平房	自供暖	单煤炉	1000	煤炭
14	3	120	平房	自供暖	单煤炉	1200	煤炭
15	5	160	砖窑洞	自供暖	单煤炉	1600	煤炭、煤饼
16	2	120	平房	自供暖	锅炉系统	1200	煤炭
17	3	150	砖窑洞	自供暖	单煤炉	1500	煤炭、煤饼
18	1	320	土窑洞	自供暖	单煤炉	3000	煤炭、煤饼
19	3	120	砖窑洞	自供暖	单煤炉	1500	煤炭、煤饼
20	4	120	平房	自供暖	单煤炉	1200	煤炭
21	3	160	平房	自供暖	单煤炉	1600	煤炭
22	3	150	楼房	自供暖	单煤炉	1500	煤炭
23	4	150	平房	自供暖	燃气炉	5000	天然气
24	4	50	砖窑洞	自供暖	单煤炉	600	煤炭
25	2	110	砖窑洞	自供暖	单煤炉	1400	煤炭
26	3	200	平房	自供暖	锅炉系统	1100	煤炭
27	3	120	砖窑洞	自供暖	单煤炉	1800	煤炭、煤饼
28	3	120	砖窑洞	自供暖	单煤炉	1400	煤炭、煤饼
29	2	100	土窑洞	自供暖	单煤炉	1200	煤炭、煤饼
30	3	150	楼房	自供暖	单煤炉	1600	煤炭
31	3	200	平房	自供暖	单煤炉	2200	煤炭
32	3	200	平房	自供暖	锅炉系统	1800	煤炭
33	4	150	楼房	自供暖	锅炉系统	3000	煤炭
34	4	150	楼房	自供暖	锅炉系统	2200	煤炭

续表

户编号	常住人口（人）	房屋面积（平方米）	房屋类型	供暖方式	供暖所用工具	每年供暖花费金额（元）	每年供暖消费能源种类
35	4	150	楼房	自供暖	锅炉系统	2200	煤炭
36	3	150	平房	自供暖	单煤炉	1600	煤炭
37	2	100	平房	自供暖	单煤炉	1200	煤炭
38	3	150	楼房	自供暖	单煤炉	1600	煤炭
39	2	60	土窑洞	自供暖	单煤炉	550	煤炭、煤饼
40	3	100	平房	自供暖	单煤炉	1200	煤炭
41	3	100	平房	自供暖	单煤炉	1500	煤炭
42	4	140	楼房	自供暖	燃气炉	4000	天然气
43	3	160	砖窑洞	自供暖	单煤炉	1000	煤炭、煤饼
44	3	80	砖窑洞	自供暖	单煤炉	1100	煤炭、煤饼
45	3	50	砖窑洞	自供暖	单煤炉	400	煤炭、煤饼
46	5	150	楼房	自供暖	单煤炉	2200	煤炭
47	3	110	土窑洞	自供暖	单煤炉	1500	煤炭、煤饼
48	5	150	楼房	自供暖	单煤炉	1200	煤炭
49	2	110	土窑洞	自供暖	单煤炉	1500	煤炭、煤饼
50	1	20	平房	自供暖	单煤炉	550	煤炭
51	4	100	平房	自供暖	单煤炉	1300	煤炭
52	5	100	平房	自供暖	单煤炉	3000	煤炭

二　林里村供暖能源消费分析

据课题组入户访谈调研发现，林里村冬季取暖基本分为三种。
（1）传统单个单煤炉取暖，冬天在哪个屋居住就在哪个屋子烧炉取暖。此取暖方式耗时耗力，需要适时添加燃料，适时掏弃炉灰，房前屋后或者院内还需要煤炭的堆放处，生炉子冒烟也对身体有害，还需时时关注炉内燃烧情况。（2）一些农户在传统单煤炉取暖的基础上，建立形成了采暖锅炉系统，整个小院安装一个小锅炉，各间房屋串联安装暖气片取暖。这种方式的优点是农户分户供暖模式可以集约利用能源，热能高效利用。采取此方式采暖需要在前期投资建设整套锅炉取暖系统，成本在 2000 元左右。此方式仍然需要人力烧锅炉，添加燃料，掏炉灰，同时会造成一定污染。(3) 一部分已通天然气的农户使用天然气取暖，通过安装燃气炉、加装暖气片的形式进行家庭取暖。使用天然气干净卫生，且不需要买煤烧炭，节约人力成本。

从调研数据来看，林里村冬季没有村集中供暖设施，100% 的家庭为自供暖。从冬季取暖工具来看，52 个抽样调研农户中有80.77% 的农户使用单煤炉取暖，13.46% 的农户使用锅炉系统，5.77% 的农户使用燃气炉系统（见表 5-2）。

表 5-2　　　　　　　　使用不同取暖工具的户数和比例

取暖工具	户数（户）	比例（%）
单煤炉	42	80.77
锅炉系统	7	13.46
燃气炉系统	3	5.77

从取暖能源种类来看，有 49 户使用煤炭取暖，即使已经拥有使用天然气条件的平房和楼房，也多数使用煤炭取暖，使用天然气取暖的只有 3 户（见表 5-3）。

表 5-3　　　　　　　　使用不同能源种类取暖的户数和比例

供暖方法	户数（户）	比例（%）
煤炭	49	94.23
天然气	3	5.77

从取暖花费来看，绝大多数农户的年供暖金额在 1001—2000元，使用锅炉系统的采暖户采暖金额支出比单煤炉采暖户高，但是采暖有效面积增大，生活质量明显改善（见表 5-4）。使用燃气炉的采暖户能源费支出相比使用单煤炉的农户明显增高，但生活环境更洁净，且多是家庭收入较高的农户选择使用此方式。

表 5-4　　　　　　　不同档农户年供暖金额的户数和比例

农户年供暖金额	户数（户）	比例（%）
0—999 元	5	9.62
1000—1999 元	35	67.30
2000—2999 元	7	13.46
大于等于 3000 元	5	9.61

　　林里村农户的房屋面积绝大多数在 100—200 平方米，人均房屋面积较大。采暖多是在哪间屋居住就在哪间屋使用单煤炉采暖。土窑洞居住的农户多数使用传统洋炉烧煤炭取暖（单煤炉采暖），部分砖窑洞和平房升级为锅炉系统采暖，部分平房和楼房户升级为天然气采暖（见表 5-5）。使用薪柴采暖的几乎没有，薪柴仅用作生煤炉和锅炉时的助燃材料。

表 5-5　　　　　不同房屋类型农户的采暖方式户数　　　　　单位：户

不同房屋类型	土窑洞	砖窑洞	平房	楼房
单煤炉采暖	12	10	13	7
锅炉系统采暖	0	0	3	4
燃气炉采暖	0	0	1	2

　　从以上分析来看，林里村采暖使用煤炭的比例较高，部分有条件改善为使用天然气等便捷能源的农户仍有使用煤炭的习惯，未进行改进。农村集中供暖需要大力推进，可以集约使用资源，不仅降低农户取暖的劳动付出，而且可以提高能源使用效率。

第二节　家庭生活炊事项分析

　　林里村农户家庭生活炊事，主要使用的能源是煤炭、蜂窝煤、电、天然气以及液化气。由于不同的炊具各有不同的用途，例如液化气灶主要用来炒菜，电饭煲主要用来蒸饭，蜂窝煤炉或者煤炭炉主要用于蒸煮和烧开水，多数家庭根据炊事需求采用多种能源组合使用的模式。被调研的 52 户农户中，使用煤炭的有 48 户，占所调查农户的 92.31%；其次是使用电的用户，为 27 户，占 51.92%；使用天然气的有 6 户，占 11.54%；使用蜂窝煤的有 5 户，占 9.62%；使用液化气的有 4 户，占 7.69%（见表 5-6 和图 5-1）。

表 5-6   炊事用能类型统计

能源类型	数量（户）	占总抽样户的比例（%）
煤炭	48	92.31
蜂窝煤	5	9.62
电	27	51.92
天然气	6	11.54
液化气	4	7.69
薪柴	0	0
秸秆	0	0

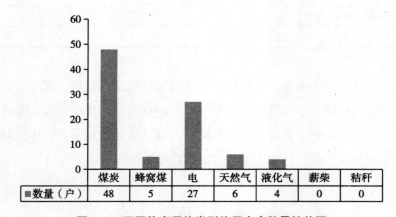

图 5-1   不同炊事用能类型使用农户数量柱状图

林里村的炊事用能基本情况是：十年前，农户多用煤炭或者薪柴进行炊事；随着社会经济的发展，薪柴被摒弃，主要用煤炭。但是，煤炭做饭需要非常大的人力成本。随着天然气设施的建设，村内有条件通天然气的农户逐步改变使用煤炭做饭的习惯，使用更清洁的能源——天然气。而且随着厨房电器的下乡和普及，有条件的农户购买了电饭煲、电磁炉等厨房电器，电能在厨房炊事过程中的比例不断提升。

第三节　家庭生活制冷项分析

林里村属于北方中纬度地带的山区村，无极热天气。被调研的52 户农户中，仅 10 户使用空调，占 19.23%。多数农户家庭使用电风扇降温，电风扇的使用比例为 57.69%。有 23.08% 的农户家庭不采用制冷措施（见表 5-7）。不采用制冷措施的农户均为窑洞住房类型农户，窑洞冬暖夏凉，有天然避暑作用。食物制冷方面，被调研的农户中使用电冰箱的比例较高，为 68%，说明农户对食物的制冷要求较多。

表 5-7　　　　　　　　夏季制冷工具类型统计

能源类型	数量（户）	比例（%）
空调	10	19.23
电风扇	30	57.69
不用任何设施	12	23.08

经调研和数据计算，使用空调的农户一个制冷季人均用能为36.87 千克标准煤，使用电风扇的农户一个制冷季人均用能为 7.37 千克标准煤，电冰箱使用户一年的人均用能为 5.53 千克标准煤（见表 5-8）。

表 5-8　　　　　　　　制冷所用能源的使用量统计

能源类型	人均用能	能耗（转换为标准煤）
空调	300 千瓦时电（一个制冷季）	36.87 千克标准煤
电风扇	60 千瓦时电（一个制冷季）	7.37 千克标准煤

能源类型	人均用能	能耗（转换为标准煤）
电冰箱	45 千瓦时电（一年）	5.53 千克标准煤
不用任何制冷设施	0	0

随着经济条件改善，使用制冷降温设施设备的农户将大幅增加，所以农村制冷降温用电量也将随之增长。

第四节　家庭生活洗浴项分析

本课题组对林里村家庭生活中洗浴一项的能源消费进行调查，发现部分农户使用煤炭烧水洗澡，部分农户使用电热水器，部分农户使用太阳能热水器，部分农户使用天然气热水器。村内有一所公共洗浴场所，一部分自家没有洗浴设施的村民，选择去村内公共澡堂按次交钱洗浴，具体户数统计见表 5-9 和图 5-2。

表 5-9　　　　　　　　　洗浴使用能源类型统计

使用不同能源类型洗浴	数量（户）	比例（%）
使用煤炭烧水洗浴	31	59.62
使用电热水器洗浴	3	5.77
使用太阳能热水器洗浴	8	15.38
使用天然气热水器洗浴	6	11.54
在村内公共澡堂洗浴	4	7.69

从林里村目前状况来看，有天然气联通的用户安装燃气热水器的居多；部分收入高、条件好的家庭安装了太阳能热水器，主要作为洗脸、洗澡等热水之用；部分家庭安装了电热水器；收入低的家庭多数还在沿用煤炭烧水洗澡的方法，而且因为不方便，洗澡次数较其他类型相对更少。调研中发现在洗澡不便的农户，还有 9 个月不洗澡的现象。

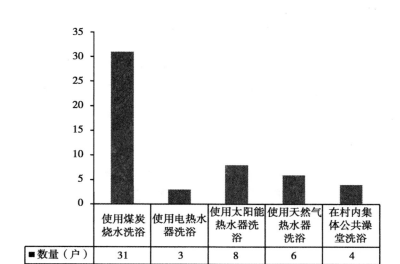

图 5-2　不同洗浴使用能源类型农户柱状图

　　从鼓励使用可再生能源的角度出发，课题组还比较研究了不同房屋类型的安装太阳能热水器农户与收入接近的未装太阳能热水器农户的能源消费情况。从表 5-10 可以看出，不论是居住楼房、平房还是砖窑洞和土窑洞的农户，安装太阳能热水器的农户人均能耗均明显低于未安装太阳能热水器农户的人均能耗。由此看出，在热水使用和洗浴一项，鼓励使用太阳能等可再生能源，对降低能源消费、减少污染物排放作用明显。

表 5-10　　　　使用太阳能的农户和未使用太阳能的

农户人均能耗对比　　　　　单位：千克标准煤

房屋类型	人均能耗（使用太阳能）	人均能耗（未使用太阳能）
楼房	647.00	862.65
平房	753.73	803.63
砖窑洞	743.796	932.69
土窑洞	（无安装太阳能户）	745.10

第五节 家电使用情况分析

一 家庭生活电器和厨房电器消费品的拥有情况数据调查

课题组在入户问卷调研中设计了关于家庭生活电器和家庭厨房电器数量等问题，经统计，52 户抽样农户的家电使用情况如表 5–11 所示。

表 5–11   **2013 年 52 户抽样农户家电使用情况**

户编号	常住人口（人）	房屋类型	家庭生活使用电器数量（台/个）	厨房使用电器数量（台/个）	预计 1—2 年内购置的家电（台/个）
1	4	楼房	7	1	电视机
2	3	土窑洞	6	2	电视机
3	5	土窑洞	3	2	—
4	6	楼房	1	1	
5	4	土窑洞	5	2	冰箱
6	5	楼房	12	2	电视机、冰箱
7	7	土窑洞	6	1	
8	2	土窑洞	4	1	—
9	3	楼房	3	1	太阳能热水器
10	2	土窑洞	2	2	
11	4	土窑洞	6	2	太阳能热水器
12	3	平房	4	1	
13	2	平房	7	2	太阳能热水器
14	3	平房	4	2	
15	5	砖窑洞	7	1	
16	2	平房	5	1	
17	3	砖窑洞	7	2	
18	1	土窑洞	4	2	
19	3	砖窑洞	8	1	电视机、太阳能热水器

续表

户编号	常住人口（人）	房屋类型	家庭生活使用电器数量（台/个）	厨房使用电器数量（台/个）	预计 1—2 年内购置的家电（台/个）
20	4	平房	3	2	—
21	3	平房	2	2	—
22	3	楼房	7	2	
23	4	平房	16	2	液晶电视机
24	4	砖窑洞	3	1	空调
25	2	砖窑洞	7	2	
26	3	平房	9	2	—
27	3	砖窑洞	3	2	电脑
28	3	砖窑洞	2	1	—
29	2	土窑洞	4	2	
30	3	楼房	3	2	太阳能热水器
31	3	平房	5	2	空调
32	3	平房	4	1	
33	4	楼房	4	3	全自动洗衣机
34	4	楼房	7	3	空调
35	4	楼房	2	2	—
36	3	平房	3	1	太阳能热水器
37	2	平房	4	2	—
38	3	楼房	6	2	太阳能热水器
39	2	土窑洞	4	1	电视机
40	3	平房	10	5	空调
41	3	平房	1	1	—
42	4	楼房	8	2	空调
43	3	砖窑洞	5	1	—
44	3	砖窑洞	8	1	空调
45	3	砖窑洞	2	1	电脑
46	5	楼房	7	2	空调

续表

户编号	常住人口（人）	房屋类型	家庭生活使用电器数量（台/个）	厨房使用电器数量（台/个）	预计1—2年内购置的家电（台/个）
47	3	土窑洞	4	2	太阳能热水器
48	5	楼房	7	2	电视机、空调
49	2	土窑洞	4	2	—
50	1	平房	2	1	—
51	4	平房	3	1	—
52	5	平房	3	0	—

二 家电和厨电消费品种类与数量分析

通过调研发现，林里村村民家庭最常用的家用电器和厨房电器主要有电视机、电冰箱、洗衣机、电风扇、电饭煲等。随着生活水平的提高和生活习惯的城市化，空调、电水壶、微波炉、电热水器、电磁炉、电脑等也为更多的农户家庭所拥有（见表5-11）。

数据显示，林里村抽样农户的家庭生活使用电器数量有多有少，数量范围为1—16件，其中比例最多的是3—4件电器的拥有和使用的农户，其次是7—8件电器的拥有和使用的农户（见表5-12和图5-3）。

表5-12   不同家庭生活使用电器数量的户数和比例

家庭生活使用电器数量	1—2件电器	3—4件电器	5—6件电器	7—8件电器	9件及以上电器
户数（户）	8	20	8	12	4
比例（%）	15.38	38.46	15.38	23.08	7.69

林里村抽样农户厨房使用电器数量范围为1—5件，其中户数比例最多的是2件厨房电器的拥有和使用户，其次是1件厨房电器的拥有和使用户。从调研数据来看，林里村厨电户均1—2件，未来增长潜力较大（见表5-13和图5-4）。

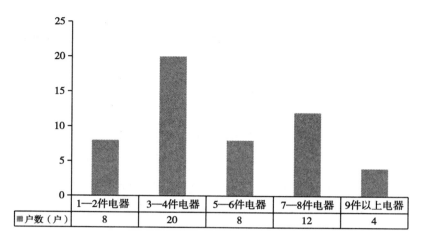

	1—2件电器	3—4件电器	5—6件电器	7—8件电器	9件以上电器
户数（户）	8	20	8	12	4

图5-3　不同家庭生活使用电器数量的户数柱状图

表 5-13　　　　　不同家庭厨房使用电器数量的户数和比例

家庭厨房使用电器数量	0件厨电	1件厨电	2件厨电	3件厨电	4—5件厨电
户数（户）	1	20	28	2	1
比例（%）	1.92	38.46	53.85	3.85	1.92

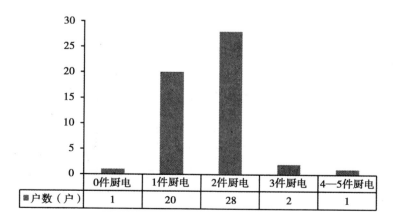

	0件厨电	1件厨电	2件厨电	3件厨电	4—5件厨电
户数（户）	1	20	28	2	1

图5-4　不同家庭厨房使用电器数量的户数柱状图

从家电具体使用情况来看，彩电基本为每户都有，一些收入较高的家庭有 2 台彩电或 3 台彩电，作为家庭主要耗能产品的电视机的比重最大，是因为电视节目是农村家庭很重要的信息来源和娱乐活动；空调使用率较低，被调研的 52 户中仅 2 户使用空调；农户的冰箱和洗衣机使用率较高，冰箱使用率为 63.46%，洗衣机使用率为 82.69%；电脑代表一个家庭的时代性和对信息的要求，电脑使用户数为 35 户，使用率为 67.31%；电热水器使用率为 19.23%，浴霸使用率为 9.62%，仅有一半安装电热水器的农户家庭安装了浴霸（见表 5-14 和图 5-5）。预计 1—2 年内购置的家电种类有电视机、冰箱、太阳能热水器、空调、电脑等，需求多样，需求户数最多的电器是太阳能热水器和空调。从中可以看出家电下乡力度大、效果好，给农民生活带来了实实在在的便利，而且有进一步增长的潜力。

表 5-14　　　　2013 年 52 户抽样农户家用电器使用详细数据　　　（台/件）

户编号	彩电	空调	冰箱	洗衣机	电脑	电热水器	浴霸
1	1	—	1	1	1	1	—
2	1	—	1	1	1	—	—
3	1	—	1	1	1	—	—
4	1	—	—	1	—	—	—
5	1	—	—	1	—	—	—
6	2	—	2	1	2	—	1
7	2	—	1	1	1	—	—
8	1	—	1	1	—	—	—
9	1	—	—	1	1	—	—
10	1	—	1	1	—	—	—
11	3	—	—	1	—	—	—
12	1	—	—	1	—	—	—
13	1	—	1	1	1	—	—
14	1	—	1	—	—	—	—
15	2	—	—	1	1	—	—
16	1	—	—	1	—	—	—
17	1	—	1	1	1	1	—
18	1	—	1	1	1	—	—
19	1	—	1	1	1	1	—
20	1	—	—	1	1	—	—
21	1	—	—	1	—	—	—
22	1	—	1	1	1	—	—

续表

户编号	彩电	空调	冰箱	洗衣机	电脑	电热水器	浴霸
23	3	1	1	1	2	—	1
24	1	—	1	—	1	—	—
25	1	—	1	1	1	1	—
26	2	—	1	1	1	1	—
27	1	—	—	1	—	—	—
28	1	—	—	—	1	—	—
29	1	—	1	1	—	1	—
30	1	—	—	1	1	—	—
31	1	—	1	1	1	—	—
32	1	—	1	1	1	—	—
33	2	—	1	1	1	—	—
34	1	—	1	1	1	—	—
35	1	—	—	—	—	—	—
36	1	—	1	—	—	—	—
37	1	—	—	1	—	—	—
38	1	1	1	1	1	—	—
39	1	—	—	1	—	1	—
40	1	—	—	1	2	1	1
41	1	—	—	—	1	—	—
42	1	—	1	1	1	1	1
43	2	—	1	1	1	—	—
44	2	—	1	1	1	—	—
45	1	—	—	—	—	—	—
46	1	—	—	1	1	1	1
47	1	—	1	1	—	—	—
48	2	—	1	1	1	—	—
49	1	—	1	1	—	—	—
50	—	—	—	1	—	—	—
51	—	—	—	—	1	—	—
52	1	—	1	—	1	—	—

　　调查还发现，农户选择家电和厨电时考虑的主要因素，价格、功能、节能、品牌、服务所占比例较高。农民的收入普遍不高，农村相较于城市比较闭塞，冲动性的消费者较少，而理性消费者居多，故而趋向于购买实用、实惠的电器为主。

三　家电和厨电消费品数量与收入、能源消耗的相关性分析

　　从图5-6和图5-7看出，林里村农户为了增加生活的便捷性

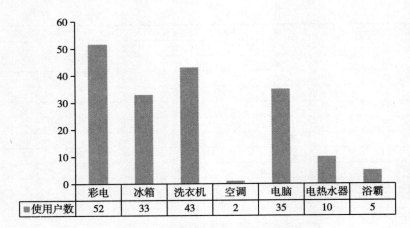

图 5-5 农户家用电器的使用柱状图

和舒适性，不断增加各种家电和厨卫电器的使用，生活水平明显提高，能耗也在不断增加。总体趋势是，收入水平高的农户家庭电器种类多、能源使用多，对生活的便捷性和舒适性追求更为迫切。

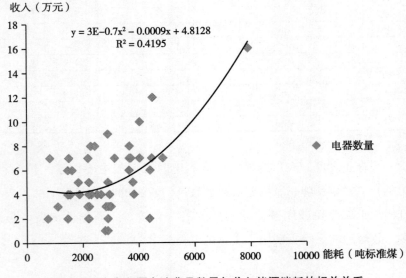

图 5-6 家电和厨电消费品数量与收入能源消耗的相关关系

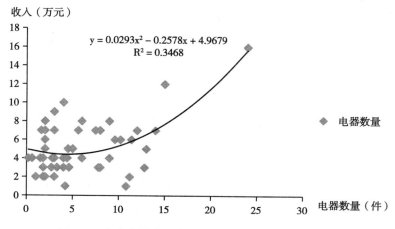

图 5-7　家电和厨电消费品数量与家庭总收入的相关关系

　　随着村民收入的增加，生活水平也不断提高。各种家电逐渐增多，成为农村家庭不可缺少的一部分。

第六章

近五年林里村家庭变化
及家庭能源使用变化

　　林里村的家庭常住人口、家庭收入、住房等的变化，直接影响着家庭能源使用的变化。此外，随着社会发展和技术进步，林里村的家庭用能习惯、用能条件、用能观念也在发生变化。本章在了解近五年林里村家庭变化的基础上，调研分析家庭能源使用变化和观念变化。

第一节　近五年林里村家庭变化情况

一　近五年农户家庭变化情况数据调查

　　课题组在入户问卷调研中设计了近五年林里村家庭常住人口、家庭收入、住房变化的相关问题。经问卷回收统计，结果如表 6-1 所示。

表 6-1　　　　　　　　　　林里村近五年农户家庭变化状况

户编号	近五年家庭常住人口变化	人口变化情况	变化数量及变化原因	近五年家庭收入变化	家庭收入变化百分比	家庭收入变化原因	近五年是否搬迁	是否平房搬迁至楼房	近五年是否扩大翻修
1	无变化	0	—	无变化	—	—	是	是	否

续表

户编号	近五年家庭常住人口变化	人口变化情况	变化数量及变化原因	近五年家庭收入变化	家庭收入变化百分比	家庭收入变化原因	近五年是否搬迁	是否平房搬至楼房	近五年是否扩大翻修
2	减少	4人变3人	外出打工	减少	5%	挣钱困难	否	否	否
3	无变化	0	—	减少	5%	挣钱困难	否	否	否
4	减少	7人变6人	升学	减少	5%	挣钱困难	是	是	否
5	无变化	0	—	增加	10%	工资上涨	否	否	否
6	增加	3人变5人	娶妻生子	增加	20%	工资上升	是	是	是
7	无变化	0		减少	5%	挣钱困难	否	否	否
8	无变化	0	—	减少	5%	挣钱困难	否	否	否
9	无变化	0		无变化	—	—	是	是	否
10	无变化	0	—	减少	5%	挣钱困难	否	否	否
11	无变化	0		减少	5%	挣钱困难	否	否	否
12	减少	4人变3人	升学	增加	10%	2个儿子打工	否	否	否
13	无变化	0	—	减少	5%	挣钱困难	否	否	否
14	无变化	0		增加	10%	工资提高	否	否	否
15	无变化	0	—	无变化	—	—	否	否	是
16	减少	3人变2人	升学	增加	10%	工资提高	否	否	否
17	无变化	0	—	减少	5%	厂矿效益不好	否	是	是
18	无变化	0	—	无变化	—	—	是	是	否
19	减少	3人变2人	升学	增加	10%	退休工资提高	否	否	是
20	无变化	0		增加	10%	工资提高	是	否	否
21	无变化	0		增加	10%	工资提高	否	否	否
22	减少	5人变4人	去世	无变化	—	—	是	是	否
23	无变化	0		增加	10%	工资提高	是	是	否
24	无变化	0		减少	5%	生意多了	否	否	否
25	无变化	0		增加	10%	生意多了	否	否	否
26	无变化	0	—	无变化	—	—	否	否	是
27	无变化	0		无变化	—	—	是	是	否

续表

户编号	近五年家庭常住人口变化	人口变化情况	变化数量及变化原因	近五年家庭收入变化	家庭收入变化百分比	家庭收入变化原因	近五年是否搬迁	是否平房搬至楼房	近五年是否扩大翻修
28	无变化	0	—	增加	10%	生意多了	是	否	是
29	无变化	0	—	减少	10%	厂矿效益不好	是	是	否
30	减少	4人变3人	外出打工	增加	50%	挣钱困难	是	是	否
31	减少	4人变3人	外出打工	增加	10%	挣钱困难	是	是	是
32	无变化	0	—	无变化	—	—	否	否	是
33	增加	3人变4人	娶妻	增加	10%	挣得多	否	否	否
34	无变化	0	—	增加	15%	挣得多	否	否	否
35	无变化	0	—	无变化	—	—	否	否	否
36	无变化	0	—	增加	10%	挣得多	否	否	是
37	减少	4人变2人	升学	无变化			否	否	否
38	减少	4人变3人	去世	增加	10%	挣得多	是	是	是
39	减少	3人变2人	外出打工	增加	10%	生意多了	否	否	是
40	无变化	0	—	减少	5%	厂矿效益不好	否	否	否
41	无变化	0	—	无变化	—	—	是	是	否
42	减少	5人变4人	升学	无变化			是	是	否
43	减少	4人变3人	升学	减少	5%	厂矿效益不好	否	否	否
44	减少	5人变3人	外出打工	无变化			否	否	否
45	无变化	0	—	增加	10%	工资提高	否	否	是
46	无变化	0	—	增加	10%	生意多了	是	是	否
47	无变化	0	—	增加	10%	挣钱困难	否	否	是
48	无变化	0	—	增加	10%	涨工资	否	否	否
49	无变化	0	—	减少	10%	挣钱困难	否	否	否
50	无变化	0	—	无变化	—	—	否	否	否

续表

户编号	近五年家庭常住人口变化	人口变化情况	变化数量及变化原因	近五年家庭收入变化	家庭收入变化百分比	家庭收入变化原因	近五年是否搬迁	是否平房搬至楼房	近五年是否扩大翻修
51	无变化	0	—	增加	10%	生意多了	是	是	是
52	无变化	0	—	减少	5%	挣钱困难	是	是	否

说明：表中"—"表示无数据或者调研中由于各种情况未得到有效答案。

二 近五年农户家庭变化状况分析

从近五年家庭常住人口变化调研情况来看，52 户受调查农户中 36 户为无变化，2 户为增加，14 户为减少，总体趋势为减少，但变化程度不大（见表 6-2 和图 6-1）。

表 6-2　　　　　近五年家庭常住人口变化户数及占比

家庭常住人口变化情况	户数（户）	比例（%）
增加	2	3.85
减少	14	26.92
无变化	36	69.23

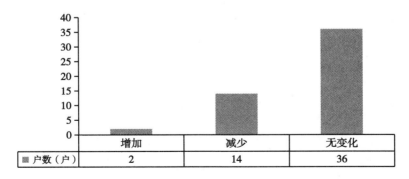

图 6-1　近五年家庭常住人口变化户数柱状图

林里村人口迁出率较低，迁出原因主要是升学或者外出打工（见表 6-3 和图 6-2）。升学外迁的和外出打工的农户共 13 户。

表 6-3   **近五年家庭常住人口变化原因**

家庭常住人口变化情况	户数（户）	比例（%）
搬离本村	0	0
升学	7	13.46
外出打工	5	9.61
娶妻（生子）	2	3.85
去世	2	3.85

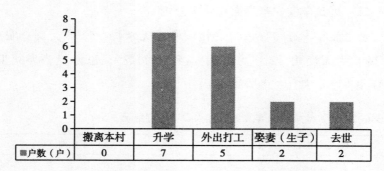

图 6-2　近五年不同家庭常住人口变化原因的户数柱状图

从近五年家庭收入变化调研情况来看，52 户抽样调研户中 15 户为减少，14 户为无变化，23 户为增加，增加或减少的幅度为 10%—20%（见表 6-4 和图 6-3）。从访谈过程中剖析原因：村民除了在自己所属的土地上从事有限时间的农业劳动外，大多数村民会到村属企业、镇企业或煤窑打工，或者到镇外、市外、省外等更远的地方打工或者工作，但最主要的打工地点是在附近区域。近几年由于小煤窑关停并转，企业效益不好，影响到村民的打工机会，所以会出现收入减少情况。农户收入的增加也有多种原因，第一种原因是从事"其他服务业"的，原打工单位的工资上涨；第二种原因是原厂矿工人退休后退休工资提高或退休后另外打工收入贴补；第三种原因是自营的农户生意机会多了。在访谈中发现，多数村民未感觉到生活水平的大幅度提高，这对于农村能源消费升级形成一定障碍。

表 6-4　　　　　　　　　　　**近五年家庭收入变化情况**

家庭收入变化情况	户数（户）	比例（%）
增加	23	44.23
减少	15	28.85
无变化	14	26.92

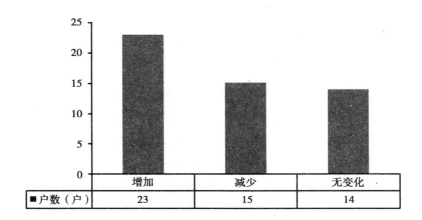

图 6-3　近五年不同家庭收入变化情况的柱状图

从近五年家庭是否搬迁情况来看，52 户抽样调研户中 34 户为进行过搬迁或者翻修（见表 6-5）。访谈调研发现：搬迁或者翻修的农户有两种情况，一种是搬迁至村内新址居住，一种是在原址上拆迁重盖新房或者修缮。由于农村土地紧张，宅基地批地难，在村中能批到新宅基地指标并且新盖房的是少数。从调研数据表来看，有 18 户被调研家庭从平房搬入了新楼房，有 16 户为旧址翻修或者对早期楼房修缮。调研访谈中，问及如果林里村新规划区域统一盖房，是否愿意整体搬迁至村集体新规划区，多数人表示愿意，主要原因是搬迁可以改善用能不方便的现状，省去生火做饭、烧洗澡水等麻烦，集约利用能源，省时省力。问及是否要扩建院子，多数表示如果财力物力允许将扩建，而且多数希望效仿一些先进的采暖锅炉系统进行自采暖。

表 6-5   近五年搬迁或者扩大翻修的情况

搬迁或者扩大翻修	户数（户）	比例（%）
搬至楼房	18	34.61
扩大翻修	16	30.77

第二节　近五年林里村家庭能源使用变化情况

一　近五年农户能源使用变化数据调查

本课题在入户问卷调研中设计了近五年林里村农户能源使用量、能源使用种类、能源消费金额、能源使用习惯的变化、对能源的认识等问题。经问卷回收统计，调查结果如表 6-6 所示。

表 6-6   林里村近五年能源使用变化状况

户编号	近五年人均能源消费有无增加	近五年新添加的能源消费种类	能源消费增加百分比	近五年能源消费增加金额	近五年新添家电及数量	近五年用能消费习惯的变化	五年前能源消费最看重什么	近五年能源消费最看重什么
1	增加	天然气	20%	年均300元	洗衣机1台，电热水器1台	无变化	使用方便性	能源清洁性
2	无变化	—	—	—	—	无变化	资金节约性	能源清洁性
3	无变化	—	—	—	—	无变化	资金节约性	使用方便性
4	增加	—	20%	年均100元	洗衣机1台	无变化	使用方便性	购买方便性
5	增加	汽油	10%	年均100元	洗衣机1台	有，现在更习惯用电	能源清洁性、购买方便性	价格
6	增加	汽油	20%	年均300元	电脑2台、冰箱1台、电磁炉1台和饮水机1台	有，原来习惯用煤炭，现在习惯用电	能源使用清洁性	使用方便性

续表

户编号	近五年人均能源消费有无增加	近五年新添加的能源消费种类	能源消费增加百分比	近五年能源消费增加金额	近五年新添家电及数量	近五年用能消费习惯的变化	五年前能源消费最看重什么	近五年能源消费最看重什么
7	增加	—	5%	年均150元	冰箱1台、电脑1台	无变化	资金节约性	使用方便性
8	无变化	—			—	无变化	资金节约性	使用方便性
9	增加	—	10%	年均150元	电脑1台	有，原来习惯用炭，现在习惯用电	资金节约性	使用方便性、使用清洁性
10	无变化				—	无变化	资金节约性	使用方便性
11	增加	—	10%	年均100元	彩电2台	无变化	资金节约性	节约性
12	增加	太阳能	10%	年均220元	洗衣机1台、太阳能热水器1台	无变化	购买方便性	购买、使用方便性
13	增加	液化气	5%	年均150元	电脑1台	有，现在用电	资金节约性	使用方便性
14	增加	—	5%	年均100元	冰箱1台	有，过去用电，现在用电	资金节约性	使用方便性
15	增加	—	5%	年均100元	彩电1台	有，现在用太阳能	资金节约性	使用方便性
16	增加	汽油	15%	年均200元	电暖气1台，汽车1部	有，过去煤炭，现在电	能源使用清洁性	使用方便性
17	增加	汽油	10%	年均300元	冰箱1台，汽车1部	无变化	能源使用方便性	能源使用清洁性
18	增加	—	20%	年均300元	冰箱1台，电脑1台	无变化	资金节约性	能源使用清洁性
19	增加	汽油	5%	年均100元	电脑1台	有，过去煤炭，现在电	购买方便性	能源使用清洁性
20	增加	蜂窝煤	10%	年均100元	电脑1台	现在更习惯用电	资金节约性	使用方便性
21	增加	—	5%	年均50元	彩电1台	现在更习惯用电	资金节约性	使用方便性
22	增加	汽油	10%	年均300元	电脑1台、冰箱1台	有，现在天然气	资金节约性	使用方便性
23	增加	天然气、汽油	10%	年均150元	电脑2台	有，现在煤炭，过去天然气	能源使用方便性	能源使用清洁性

户编号	近五年人均能源消费有无增加	近五年新添加的能源消费种类	能源消费增加百分比	近五年能源消费增加金额	近五年新添家电及数量	近五年用能消费习惯的变化	五年前能源消费最看重什么	近五年能源消费最看重什么
24	增加	—	10%	年均100元	冰箱1台	无变化	能源使用方便性	能源使用清洁性
25	增加	—	10%	年均100元	电脑1台、洗衣机1台	无变化	资金节约性	能源使用清洁性
26	增加	—	10%	年均100元	电热水器1台	无变化	资金节约性	能源使用清洁性
27	增加	—	10%	年均60元	洗衣机1台	现在更习惯用电	资金节约性	能源使用清洁性
28	无变化	—	—	—		现在更习惯用电	能源使用方便性	购买方便性
29	无变化	—	—	—		无变化	资金节约性	能源使用清洁性
30	增加	—	15%	年均200元	洗衣机1台、电脑1台	现在更习惯用电	资金节约性	能源使用清洁性
31	增加	—	15%	年均50元	电脑1台	有，过去煤，现在电和太阳能	资金节约性	能源使用清洁性
32	增加	液化气	10%	年均100元	冰箱1台	无变化	资金节约性	能源使用清洁性
33	增加	液化气	10%	年均100元	电脑1台	有，过去煤炭，现在天然气	资金节约性	能源使用清洁性
34	增加	—	10%	年均100元	电脑1台	有，过去煤炭，现在天然气	能源使用方便性，资金节约性	能源使用清洁性
35	增加	—	10%	年均100元	彩电1台	无变化	资金节约性	使用方便性
36	无变化	—	—	—		无变化	资金节约性	使用方便性
37	增加	蜂窝煤	10%	年均100元	洗衣机1台	无变化	资金节约性	使用方便性
38	增加	蜂窝煤	10%	年均100元	电脑1台、空调1台	原来习惯用煤炭，现在更习惯用电	资金节约性	使用方便性
39	增加	—	5%	年均80元	电视机1台	无变化	资金节约性	使用方便性
40	增加	天然气、液化气	10%	年均100元	电脑1台	现在更习惯用电	资金节约性	使用方便性

户编号	近五年人均能源消费有无增加	近五年新添加的能源消费种类	能源消费增加百分比	近五年能源消费增加金额	近五年新添家电及数量	近五年用能消费习惯的变化	五年前能源消费最看重什么	近五年能源消费最看重什么
41	增加	汽油	10%	年均100元	电脑1台	原来习惯用煤，现在习惯用天然气	使用方便性	购买方便性
42	增加	天然气	20%	年均200元	电热水器1台、电脑1台、浴霸1个	现在更习惯用电	资金节约性	使用方便性
43	无变化	—	—	—	电视机1台	无变化	能源方便性	使用清洁性
44	增加	—	10%	年均100元	电视机1台	现在更习惯使用节能产品	能源方便性、清洁性	使用方便性
45	无变化	—	—	—	电视机1台	无变化	资金节约性	使用方便性
46	增加	天然气、汽油	10%	年均100元	电热水器1台、浴霸1个	有变化	使用方便	购买方便性
47	无变化		—	—	—	无变化	资金节约性	使用方便性
48	增加	蜂窝煤	5%	年均80元	电脑1台	无变化	方便性	使用方便性
49	无变化	—	—	—	—	无变化	资金节约性	使用方便性
50	无变化	—	—	—	—	更注重节能	使用清洁性、节约性	使用方便性
51	增加	天然气	10%	年均100元	电脑1台	现在更习惯用电	使用方便性	能源清洁性
52	增加	—	5%	年均60元	电脑1台	有变化	使用方便性	购买方便性

二　近五年农户家庭能源使用变化分析

通过以上调研数据统计发现，近五年林里村人均能源消费量呈现增加的趋势，增加的户数为40户，基本无变化的为12户，减少的为0户。随着人们生活水平的提高，农户家庭能源消费量不断提高，且从调研数据来看，增加比例在5%—20%，能源消费支出增加金额为年均50—300元。能源消费增加种类调研数据显示，天然气、汽油、太阳能、液化气、蜂窝煤等消费量在增加，主要是更清洁、更便捷的能源，可以减少污染排放，改善生活环境，提高生活水平，减少因室内外空气污染而导致的疾病，节约时间。

从近五年农户新添家电种类及数量情况来看，有 10 户未新添家电，有 42 户新添加家电，新添家电主要种类为电脑、电视机、冰箱、电热水器、饮水机、空调等，新添电脑的农户最多。从近五年农户新增能源消费和家电的数量和种类来看，农户的生活水平不断提高，对家电的需求越来越多，用能习惯也在不断变化，能源消费量逐年上涨。同时，伴随着能源价格的上涨，能源消费支出金额不断增加。

从近五年用能消费习惯的变化来看，无变化的有 25 户，有变化的有 27 户，能源消费变化主要是原来习惯用煤的农户向用电、天然气和太阳能转换（见表 6-7）。对"五年前能源消费最看重什么"和"近五年能源消费最看重什么"的调研数据整理来看，农户对能源消费的关注重点也在不断变化，五年前农户更看重资金节约、能源使用的方便性，对能源使用的清洁性也比较看重。近五年，农户更看重的是能源的清洁性，其次才是资金节约性、使用方便性等。

总的来看，近五年林里村的能源使用状况变化较大。在 20 年前，林里村所在的山西省煤炭产业经济效益非常好，除了五个煤矿企业外，阳泉市还拥有很多小煤矿和小煤窑，农村也有许多私有的小煤窑，林里村也不例外。林里村农户的生活用能主要依靠本地煤炭，煤炭除了购买外，其他的来源也很多，例如在路边和煤矿周边拾炭、路边捡煤（由于路况不好，许多拉煤车在运输过程中撒落大量煤和炭，主要是煤）。在 5—10 年内，由于小煤窑关停并转，其他的煤炭来源被切断，农户的生活能源主要需要购买，但是有地区补贴，例如，林里村如今每户每年能获得政府提供的 1 吨煤炭补贴。2008 年，受益于西气东输，天然气逐渐进入林里村农户家庭。随着村村通电工程的实施以及家电下乡等惠民政策的出台，电能的使用越来越多。随着太阳能热水器等相关电器的普及，太阳能的使用也越来越多（见表6-7）。但是，农村沼气利用还很少，主要原因是外出打工的家庭越来越多，户用沼气原料产生少，不足以支撑户用沼气池的可持续发酵，而村内的大型集约型沼气池尚未建设和发展。

表 6-7　　　　　**近五年使用可再生能源的情况**

可再生能源的使用情况	近五年使用可再生能源	近五年不使用可再生能源
户数（户）	13（都是太阳能，用途都是洗澡，都未享受过可再生能源补贴）	39
比例（%）	25	75

第三节　农户能源消费选择的影响因素分析

一　农户能源消费选择的影响因素调查

影响农户能源消费选择的因素是多样的，识别和分析主要的影响因素，可以为调整农村地区能源消费结构、模式的政策制定提供参考。课题组在入户问卷调研中设计了"农户能源消费选择影响因素调查表"，调查结果如表6-8所示。

表 6-8　　　　　**林里村农户能源消费选择影响因素调查**

户编号	能源的市场价格	能源使用是否快捷、维护简单	能源使用是否清洁卫生、室内污染小	废气废渣排放量是否少、环境污染小	能源设备的使用方法是否简单易学	采集、购买能源的交通便利性	媒体对能源使用的宣传、教育	政府或企业能提供能源设备使用的技术支持和售后服务是否周全	政府给予资金补贴	邻居、亲戚或朋友使用的能源类型
1	重要	非常重要	非常重要	非常重要	重要	重要	重要	一般	非常重要	非常重要
2	非常重要	重要	重要	重要	重要	非常重要	重要	非常重要	非常重要	非常重要
3	重要	重要	重要	重要	重要	重要	重要	非常重要	非常重要	非常重要
4	非常重要	非常重要	非常重要	非常重要	非常重要	非常重要	非常重要	非常重要	非常重要	非常重要
5	重要	重要	重要	重要	一般	一般	重要	重要	重要	重要
6	一般	重要	非常重要	非常重要	一般	一般	重要	重要	不重要	重要

续表

户编号	能源的市场价格	能源使用是否快捷、维护简单	能源使用是否清洁卫生、室内污染小	废气废渣排放量是否少、环境污染小	能源设备的使用方法是否简单易学	采集、购买能源的交通便利性	媒体对能源使用的宣传、教育	政府或企业能提供能源设备使用的技术支持和售后服务是否周全	政府给予资金补贴	邻居、亲戚或朋友使用的能源类型
7	重要	重要	非常重要	重要	重要	重要	重要	重要	重要	重要
8	非常重要	重要	重要	重要	重要	重要	重要	重要	非常重要	非常重要
9	重要	重要	重要	重要	重要	重要	重要	重要	一般	重要
10	重要	重要	重要	重要	重要	重要	重要	重要	重要	重要
11	非常重要	非常重要	非常重要	非常重要	非常重要	非常重要	非常重要	非常重要	非常重要	非常重要
12	重要	重要	重要	一般	重要	一般	一般	非常重要	重要	一般
13	重要	重要	重要	一般	一般	一般	一般	重要	重要	重要
14	重要	重要	重要	一般	重要	一般	一般	非常重要	非常重要	重要
15	重要	重要	重要	一般	重要	一般	一般	非常重要	非常重要	重要
16	重要	重要	重要	一般	一般	一般	一般	重要	重要	重要
17	重要	重要	重要	一般	重要	重要	一般	非常重要	非常重要	一般
18	重要	重要	重要	一般	重要	重要	一般	重要	非常重要	重要
19	非常重要	非常重要	非常重要	一般	重要	重要	一般	重要	非常重要	一般
20	非常重要	非常重要	重要	一般	重要	重要	重要	非常重要	非常重要	重要
21	重要	重要	一般	一般	一般	重要	一般	非常重要	非常重要	一般
22	重要	非常重要	一般	重要	重要	重要	重要	重要	非常重要	一般
23	重要	重要	重要	重要	重要	一般	一般	一般	一般	重要
24	重要	一般	一般	重要	一般	重要	重要	重要	非常重要	重要
25	重要	非常重要	重要	重要	重要	重要	重要	非常重要	非常重要	一般
26	重要	重要	重要	重要	重要	重要	重要	不重要	重要	不重要
27	非常重要	非常重要	非常重要	非常重要	非常重要	非常重要	非常重要	非常重要	非常重要	非常重要
28	非常重要	非常重要	非常重要	非常重要	非常重要	非常重要	非常重要	非常重要	非常重要	非常重要
29	非常重要	重要	一般	重要	重要	重要	重要	非常重要	非常重要	重要
30	重要	非常重要	一般	重要	重要	重要	重要	重要	非常重要	一般
31	重要	重要	重要	重要	重要	重要	重要	不重要	重要	重要
32	重要	一般	一般	重要	一般	重要	重要	重要	非常重要	重要
33	重要	重要	重要	重要	重要	重要	重要	不重要	重要	不重要
34	重要	一般	重要	重要	一般	一般	重要	重要	重要	重要
35	重要	重要	重要	重要	重要	重要	重要	重要	非常重要	非常重要
36	重要	重要	重要	重要	重要	重要	一般	非常重要	非常重要	一般

续表

户编号	能源的市场价格	能源使用是否快捷、维护简单	能源使用是否清洁卫生、室内污染小	废气废渣排放量是否少、环境污染小	能源设备的使用方法是否简单易学	采集、购买能源的交通便利性	媒体对能源使用的宣传、教育	政府或企业能源提供使用的技术支持和售后服务是否周全	政府给予资金补贴	邻居、亲戚或朋友使用的能源类型
37	非常重要	重要	重要	一般	一般	一般	一般	重要	非常重要	一般
38	非常重要	重要	非常重要	重要	重要	重要	重要	重要	非常重要	非常重要
39	重要	重要	重要	重要	重要	重要	重要	不重要	重要	不重要
40	非常重要	非常重要	非常重要	非常重要	非常重要	非常重要	非常重要	非常重要	非常重要	非常重要
41	非常重要	非常重要	非常重要	非常重要	非常重要	非常重要	非常重要	非常重要	重要	非常重要
42	一般	重要	重要	一般	一般	重要	一般	非常重要	重要	重要
43	重要	重要	重要	重要	重要	重要	一般	非常重要	非常重要	一般
44	重要	一般	一般	重要	一般	重要	重要	重要	非常重要	重要
45	重要	重要	重要	重要	重要	重要	重要	不重要	重要	不重要
46	非常重要	非常重要	非常重要	非常重要	非常重要	非常重要	非常重要	重要	非常重要	非常重要
47	非常重要	非常重要	重要	一般	重要	非常重要	非常重要	非常重要	非常重要	一般
48	一般	重要	重要	一般	一般	重要	一般	非常重要	重要	重要
49	非常重要	非常重要	重要	一般	重要	重要	重要	非常重要	非常重要	重要
50	非常重要	非常重要	非常重要	非常重要	非常重要	重要	重要	非常重要	非常重要	非常重要
51	非常重要	非常重要	非常重要	非常重要	非常重要	重要	重要	非常重要	非常重要	非常重要
52	非常重要	非常重要	非常重要	非常重要	非常重要	重要	重要	非常重要	非常重要	非常重要

二　影响因素对比分析

从以上调查数据可以看出，农户对影响能源消费选择的各种因素的认识还存在较大差异（见表6-9、图6-4），比较和分析差异的原因，对于未来调整和制定农村地区能源消费政策具有积极意义。

表6-9　　　　农户对能源使用重要性认识的户数统计

能源使用的考虑因素	非常重要	重要	一般	不重要	非常不重要
能源的市场价格	19	30	3	0	0
能源使用是否快捷、维护简单	18	30	4	0	0
能源使用是否清洁卫生、室内污染小	15	30	7	0	0

续表

能源使用的考虑因素	非常重要	重要	一般	不重要	非常不重要
废气废渣排放量是否少、环境污染小	12	25	15	0	0
能源设备的使用方法是否简单易学	10	30	12	0	0
采集、购买能源的交通便利性	12	30	10	0	0
媒体对能源使用的宣传、教育	11	26	15	0	0
政府或企业能提供能源设备使用的技术支持和售后服务是否周全	23	22	2	5	0
政府给予资金补贴	34	15	2	1	0
邻居、亲戚或朋友使用的能源类型	16	22	10	4	0

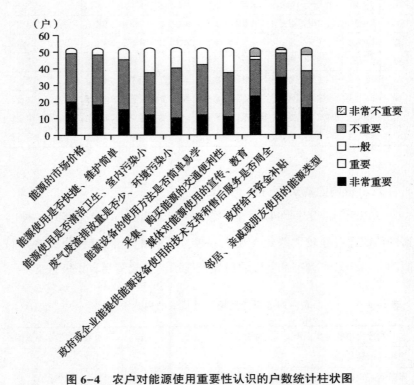

图6-4 农户对能源使用重要性认识的户数统计柱状图

"非常重要"统计项从高到低排序来看,农户对"政府或企业能提供能源设备使用的技术支持和售后服务是否周全""政府给予资金补贴""能源的市场价格""能源使用是否快捷、维护简单"等方面重视程度更高（见图6-5）。

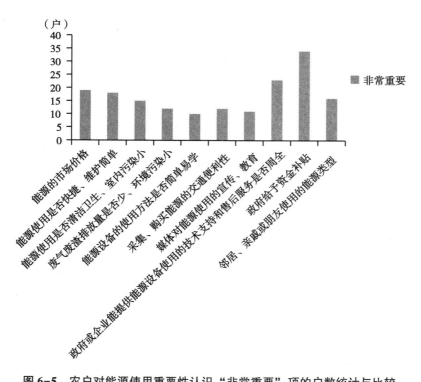

图6-5　农户对能源使用重要性认识"非常重要"项的户数统计与比较

从"一般""不重要""非常不重要"统计项从高到低排序来看,农户对"废气废渣排放量是否少、环境污染小""媒体对能源使用的宣传、教育""邻居、亲戚或朋友使用的能源类型""能源设备的使用方法是否简单易学"等方面看重程度要比其他因素轻一些（见图6-6）。

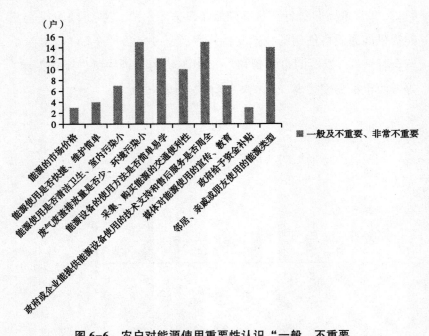

图 6-6　农户对能源使用重要性认识"一般、不重要、
非常不重要"项的户数统计与比较

第七章

林里村家庭可再生能源
使用和认识

　　建设资源节约型、环境友好型社会是大势所趋。农村地区在建设社会主义新农村过程中也需要更加注重环境保护与资源节约，因此可再生能源在农村地区的应用推广具有重要意义。可再生能源主要是指太阳能、风能、生物质能、地热能、水能等能源。农村地区可再生能源利用中，沼气、太阳能、风电的利用较为多见。可再生能源产业得到我国政府的大力支持，通过补贴、税收减免、低息贷款等政策，推动可再生能源产业发展。分布式的可再生能源设施如太阳能热水器、光伏发电设备等也非常适合在农村和偏远山区使用，成为改进农村能源消费结构的重要途径。

第一节　可再生能源使用和认识

一　林里村可再生能源使用调查

林里村 52 个样本户家庭可再生能源使用情况如表 7-1 所示。

表 7-1　　　　　　　　林里村可再生能源使用及认识状况

户编号	近五年有无使用可再生能源	使用的可再生能源类型	使用在哪方面	是否享受可再生能源使用补贴	是否知道"低碳"
1	无	—	—	否	是
2	无	—	—	否	否
3	无	—	—	否	否
4	无	—	—	否	是
5	有	太阳能	洗浴	否	是
6	有	太阳能	洗浴	否	否
7	无	—	—	否	否
8	无	—	—	否	否
9	有	太阳能	洗浴	否	否
10	无	—	—	否	否
11	无	—	—	否	是
12	有	太阳能	洗浴	否	是
13	无	—	—	否	是
14	无	—	—	否	是
15	有	太阳能	洗浴	否	否
16	有	太阳能	洗浴	否	是
17	无	—	—	否	否
18	无	—	—	否	否
19	无	—	—	否	否
20	无	—	—	否	否
21	有	太阳能	洗浴	否	是
22	有	太阳能	洗浴	否	否
23	有	太阳能	洗浴	否	是
24	无	—	—	否	否
25	无	—	—	否	是
26	无	—	—	否	是
27	无	—	—	否	否
28	无	—	—	否	是
29	无	—	—	否	否

户编号	近五年有无使用可再生能源	使用的可再生能源类型	使用在哪方面	是否享受可再生能源使用补贴	是否知道"低碳"
30	无	—	—	否	否
31	有	太阳能		否	是
32	无	—	—	否	是
33	有	太阳能	洗浴	否	是
34	有	太阳能	洗浴	否	是
35	无	—	—	否	是
36	无	—	—	否	否
37	无	—	—	否	否
38	有	太阳能	洗浴	否	否
39	无	—	—	否	否
40	无	—	—	否	是
41	无	—	—	否	是
42	有	太阳能	洗浴	否	是
43	无	—	—	否	是
44	无	—	—	否	是
45	无	—	—	否	否
46	无	—	—	否	是
47	无	—	—	否	否
48	无	—	—	否	是
49	无	—	—	否	是
50	无	—	—	否	是
51	无	—	—	否	是
52	无	—	—	否	是

二　林里村可再生能源使用和节能行为分析

1. 可再生能源使用类型和数量

从可再生能源消费类型和数量来看，林里村近五年使用可再生能源的农户有 14 户，从未使用过可再生能源的农户有 38 户，可再生能源在该地的推广应用潜力很大。14 户使用可再生能源的农户中 100%使用了太阳能，且均是太阳能热水器。沼气、地热等其他可再生能源种类使用少，沼气、地热、风能等对改善林里村能源结构的作用尚不明显。林里村无地热，风力小且不稳定，地热资源和风能资源禀赋不足。沼气的利用程度在林里村较低，这与当地养殖少、家中劳动力多外出打工有密切关系。从表 7-2 可以明显看出，使用太阳能的不同房屋类型的农户，不论是楼房户、平房户、砖窑洞户还是土窑洞户，均比未使用太阳能的农户人均能耗要低（见第五章表 5-10）。

2. 节能产品种类和节能意识分析

从节能产品种类来看，有 15 户家庭使用节能产品，多数使用的是节能灯、节能冰箱，节能灯和节能冰箱在林里村推广较好。但同时也发现，节能厨电、节能空调、节能电视等节能产品使用不足，农户购买节能产品的意识也不足，需要普及。在这点上，还需要政府出台政策，给予节能补贴，并加以引导。在被调研的 52 户样本中，当被问及是否知道"低碳"二字时，有 23 户家庭表示从未听说过，有 29 户家庭表示听说过，并大概知道"低碳"的基本意思。以上反映的是该村村民在节能意识与节能行动两个方面的联系，这在另一方面反映了我们应当在节能意识方面加强对村民的宣传。在选择家电时，农户考虑最多的仍是价格，环境和节能意识不强，由此可见，把节能教育纳入教育体系中是很有必要的。用理论指导实践，更加能够从根本上提高节能意识，从而影响农村消费者的能源消费选择。对农村家庭来说，最重要的就是儿童的教育，所以，节能教育的推广要从小抓起，从根本上改变人们对节能的认识与态度。

第二节　未来可再生能源使用潜力

一　林里村可再生能源使用潜力调查

通过对 52 个样本户未来两年生活中可能出现的可再生能源使

用情况进行调研，课题组整理出林里村未来两年中生活可再生能源
使用情况相关数据，见表7-2。

表7-2　　　　　　　　**林里村可再生能源使用潜力状况**

户编号	未来两年内有无使用可再生能源计划	预计使用的类型	使用在哪方面	可以承受的可再生能源使用设施购买或设施首次投入的金额
1	有	太阳能	洗浴	2000 元
2	无	—	—	1500 元
3	无	—	—	2000 元
4	无	—	—	1500 元
5	有	太阳能	洗浴	1000 元
6	有	太阳能	洗浴	4000—5000 元
7	无	—	—	3000 元
8	无	—	—	1000 元
9	有	太阳能	洗浴	1200 元
10	无	—	—	1000 元
11	无	—	—	1500 元
12	有	太阳能		1000 元
13	有	太阳能	洗浴	1000 元
14	有	太阳能	洗浴	1200 元
15	有	太阳能	—	3000 元
16	有	太阳能	洗浴	2000 元
17	无	—	—	2000 元
18	无			800 元
19	有	太阳能	洗浴	1000 元
20	无	—	—	1000 元
21	有	太阳能	洗浴	1200 元
22	有	太阳能	洗浴	1200 元
23	有	太阳能	洗浴	5000 元

续表

户编号	未来两年内有无使用可再生能源计划	预计使用的类型	使用在哪方面	可以承受的可再生能源使用设施购买或设施首次投入的金额
24	无	—	—	1500 元
25	无	—	—	1200 元
26	无	—	—	1200 元
27	无	—	—	1500 元
28	无	—	—	1500 元
29	无	—	—	800 元
30	有	太阳能	洗浴	1200 元
31	有	太阳能	洗浴	2000 元
32	无	—	—	1500 元
33	有	太阳能	洗浴	2000 元
34	有	太阳能	洗浴	2000 元
35	有	太阳能	洗浴	2000 元
36	无	—	—	1000 元
37	无	—	—	2000 元
38	有	太阳能	—	2000 元
39	有	太阳能	洗浴	2000 元
40	有	太阳能	洗浴	1500 元
41	无	—	—	1500 元
42	有	太阳能	洗浴	1500 元
43	无	—	—	1500 元
44	无	—	—	1000 元
45	无	—	—	1000 元
46	有	太阳能	洗浴	1500 元
47	无	—	—	1000 元
48	有	太阳能	洗浴	1200 元
49	无	—	—	800 元

户编号	未来两年内有无使用可再生能源计划	预计使用的类型	使用在哪方面	可以承受的可再生能源使用设施购买或设施首次投入的金额
50	无	—	—	800 元
51	无	—	—	1500 元
52	无	—	—	1500 元

二　林里村可再生能源使用潜力分析

第一，从未来两年内是否有使用可再生能源的计划来看，林里村中有 24 户家庭表示有使用计划，预计使用的种类也均是太阳能，选项单一，主要使用在洗浴方面。这种局限与国家对可再生能源的宣传和推广政策密切相关，也与当地可再生能源资源禀赋相关。通过入户访谈和调研，课题组发现，太阳能热水器是农户最愿接受的可再生能源使用形式，其他可再生能源的使用率虽然不高，但大部分农户有使用意愿。

第二，从可以承受的可再生能源使用设施购买或设施首次投入的金额来看，农户认可的金额在 800—5000 元，其中认可 800—2000 元区间的农户居多，国家太阳能设施及其他可再生能源设施的研发与定价可以参考此调研成果。如果商家将可再生能源和节能产品的质量提高、价格降低到这样的消费水平之内，应该可以大大促进农村居民的可再生能源消费。

第三节　农户家庭对可再生能源的行为选择影响因素分析

在调研中发现，农户是否选择使用可再生能源与农户使用能源的内部影响因素和外部影响因素有关。

一 内部影响因素分析

农户使用能源的内部影响因素主要包括家庭常住人口数量、家庭外出打工情况、家庭最高学历、年家庭人均收入、年人均商品能源消费等（见表7-3）。

表7-3　　　　　农户基本情况与可再生能源选择行为比例

调研项目	各项目的调研类别	已采用及近两年将使用		未采用及没有使用计划	
		户数（户）	比例（%）	户数（户）	比例（%）
家庭常住人口数量	3人以上	7	36.84	12	63.16
	3人及以下	6	18.18	27	81.82
家庭外出打工情况	成年劳动力均在外村打工	3	27.27	8	72.73
	部分劳动力在村外	5	16.67	15	83.33
	所有劳动力在村内	5	20.83	16	79.17
家庭最高学历	大专及以上	1	9.09	10	90.91
	高中/中专	8	40.00	12	60.00
	初中	4	21.05	15	78.95
	小学及以下	0	0	2	100.00
年家庭人均收入	1万元及以下	4	18.18	18	81.82
	1万—2万元（含）	4	25.00	12	75.00
	大于2万元	5	35.71	9	64.29
年人均商品能源消费	0—400千克标准煤	0	0	4	100.00
	401—800千克标准煤	7	31.82	15	68.18
	801千克标准煤及以上	6	23.08	20	76.92

家庭常住人口数量。家庭成员较多的农户，有更高的意愿使用可再生能源。被调研的农户中，3人以上家庭36.84%愿意使用可再生能源，3人及以下的家庭中18.18%愿意使用可再生能源。家庭成员较多，使用可再生能源的经济效益更明显；家庭成员较多，对可再生能源的了解和接受程度也越高。

　　家庭外出打工情况。林里村被调研的 52 户农户中，14 户使用可再生能源。林里村 100% 的农户都在部分时间从事非农业并获得非农业收入，且大部分农户家庭主要生计收入依赖于外出打工，这些家庭更愿意使用便捷式能源，而可再生能源并不一定便捷。例如太阳能热水器，外出打工的农户往往白天外出、晚上回家，但是太阳能热水器在晚上使用并不便捷。而使用天然气或者液化气罐烧水、做饭、洗澡可能更符合外出打工人群的使用要求。非外出打工家庭更愿意使用可再生能源，因为他们有更多的时间待在家中，能够灵活选择做饭、烧水和洗澡的时间。

　　家庭最高学历。高中/中专学历愿意使用可再生能源的占 40.00%，初中学历愿意使用的占 21.05%。从总体调研数据来看，拥有高学历人口的农户家庭更愿意使用可再生能源。因为拥有高学历人口的家庭接受外部事物和知识较快，信息渠道多，更愿意主动掌握新知识和新技术。

　　家庭人均年收入。家庭人均年收入在 1 万元及以下的农户使用可再生能源的占 18.18%，家庭人均年收入在 1 万—2 万元（含）的农户使用可再生能源的占 25.00%，家庭人均年收入大于 2 万元的农户使用可再生能源的占 35.71%。调研分析认为，人均收入越高，使用可再生能源的比例越大。人均收入越高，农户家庭的经济条件越好，对生活品质追求和生活水平提高的需求越迫切。可再生能源更清洁，更符合高收入人群对能源使用的要求。而且收入越高，购买可再生能源设施的经济负担占收入的比重越小。

　　年人均商品能源消费。年人均商品能源消费在 0—400 千克标准煤的农户使用可再生能源的比例为 0，年人均商品能源消费在 401—800 千克标准煤的农户使用可再生能源的比例为 31.82%，年人均商品能源消费在 801 千克标准煤及以上的农户使用可再生能源的比例为 23.08%。总体来看，年人均商品能源消费越高，可再生能源使用的比例越大。年人均商品能源消费高，如果使用可再生能源，能源成本节约的效益越高、效果越好。随着农村生活水平的逐步提高，农户家庭购买家电、厨电的数量越来越大，用能量越来越高，可再生能源的使用将成为一种趋势。

二　外部影响因素分析

影响农户使用能源的外部因素很多，课题组通过调研筛选出以下主要的因素进行统计分析。农户使用能源的外部影响因素主要包括能源的市场价格，能源使用和维护是否快捷、维护简单，能源使用是否清洁卫生、室内污染小，是否废气废渣排放量少、环境污染小，能源设备的使用方法是否简单易学，采集、购买能源的交通便利性，媒体对能源使用的宣传教育，政府或企业能否提供能源设备使用的技术支持和售后服务，政府给予资金补贴，邻居、亲戚或朋友使用的能源类型等。① 本课题统计了使用（计划使用）和不使用（不计划使用）可再生能源农户对不同外部影响因素的重要性认识，重要性认识包括非常重要、重要、一般、不重要、非常不重要五个等级，见表7-4。

表7-4　　　农户能源使用的外部影响因素的重要性选择比例

调研项目	各项目的调研类别	已采用及近两年将使用		未采用及没有使用计划	
		户数（户）	比例（%）	户数（户）	比例（%）
能源的市场价格	非常重要	4	30.77	15	38.46
	重要	7	53.85	23	58.97
	一般	2	15.38	1	2.56
	不重要	0	0	0	0
	非常不重要	0	0	0	0

---

① 张瑞英、席建超、葛全胜：《乡村旅游农户可再生能源使用行为选择模型研究——基于六盘山生态旅游区的案例实证》，《干旱区资源与环境》2014年第12期。

续表

调研项目	各项目的调研类别	已采用及近两年将使用		未采用及没有使用计划	
		户数（户）	比例（%）	户数（户）	比例（%）
能源使用是否快捷、维护简单	非常重要	6	33.33	12	66.67
	重要	17	56.67	13	43.33
	一般	1	25.00	3	75.00
	不重要	0	0	0	0
	非常不重要	0	0	0	0
是否清洁卫生、室内污染小	非常重要	3	23.08	12	30.77
	重要	7	53.85	23	58.97
	一般	3	23.08	4	10.26
	不重要	0	0	0	0
	非常不重要	0	0	0	0
是否废气废渣排放量少、环境污染小	非常重要	3	23.08	9	23.08
	重要	7	53.85	18	46.15
	一般	3	23.08	12	30.77
	不重要	0	0	0	0
	非常不重要	0	0	0	0
能源设备的使用方法是否简单易学	非常重要	3	30.00	7	70.00
	重要	6	20.00	24	80.00
	一般	4	33.33	8	66.67
	不重要	0	0	0	0
	非常不重要	0	0	0	0
采集、购买能源的交通便利性	非常重要	3	25.00	9	75.00
	重要	8	26.67	22	73.33
	一般	2	20.00	8	80.00
	不重要	0	0	0	0
	非常不重要	0	0	0	0
媒体对能源使用的宣传、教育	非常重要	3	27.27	8	72.73
	重要	6	23.08	20	76.92
	一般	4	26.67	11	73.33
	不重要	0	0	0	0
	非常不重要	0	0	0	0

调研项目	各项目的调研类别	已采用及近两年将使用		未采用及没有使用计划	
		户数（户）	比例（%）	户数（户）	比例（%）
政府或企业能否提供能源设备使用的技术支持和售后服务	非常重要	7	30.43	16	69.57
	重要	12	54.55	10	45.45
	一般	2	100.00	0	0
	不重要	3	60.00	2	40.00
	非常不重要	0	0	0	0
政府给予资金补贴	非常重要	8	23.53	26	76.47
	重要	4	26.67	11	73.33
	一般	1	50.00	1	50.00
	不重要	0	0	1	100
	非常不重要	0	0	0	0
邻居、亲戚或朋友使用的能源类型	非常重要	5	31.25	11	68.75
	重要	13	59.09	9	40.91
	一般	4	40.00	6	60.00
	不重要	2	50.00	2	50.00
	非常不重要	0	0	0	0

　　通过对以上影响因素的平均值、标准差计算以及进行排序，使用（计划使用）可再生能源的农户和不使用（不计划使用）可再生能源的农户对外部因素的重要性认识排序见表7-5和表7-6。对比分析和排序次位来看，使用（计划使用）和不使用（不计划使用）可再生能源的农户相比，都非常关注"政府给予资金补贴""政府或企业能否提供能源设备使用的技术支持和售后服务""能源使用是否快捷、维护简单""能源的市场价格""能源使用是否清洁卫生、室内污染小"因素，这五个因素均排在前五位，只是位序有所不同。例如使用（计划使用）可再生能源的农户更关注"政府或企业能否提供能源设备使用的技术支持和售后服务"，而不使用（不计划使用）可再生能源的农户更关注"能源的市场价格"。

表 7-5　使用（计划使用）可再生能源的农户对外部因素的评价

选用可再生能源的外部因素	排序	均数	标准差
政府给予资金补贴	1	4.54	0.66
政府或企业能否提供能源设备使用的技术支持和售后服务	2	4.25	0.94
能源使用是否快捷、维护简单	3	4.21	0.51
能源的市场价格	4	4.04	0.55
能源使用是否清洁卫生、室内污染小	5	4.04	0.55
邻居、亲戚或朋友使用的能源类型	6	4.00	0.78
采集、购买能源的交通便利性	7	3.96	0.69
废气废渣排放量是否少、环境污染小	8	3.88	0.68
媒体对能源使用的宣传、教育	9	3.88	0.68
能源设备的使用方法是否简单易学	10	3.83	0.64

表 7-6　不使用（不计划使用）可再生能源的农户对外部因素评价

选用可再生能源的外部因素	排序	均数	标准差
政府给予资金补贴	1	4.61	0.69
能源的市场价格	2	4.54	0.51
能源使用是否快捷、维护简单	3	4.32	0.67
能源使用是否清洁卫生、室内污染小	4	4.25	0.70
政府或企业能否提供能源设备使用的技术支持和售后服务	5	4.18	0.90
采集、购买能源的交通便利性	6	4.11	0.63
能源设备的使用方法是否简单易学	7	4.07	0.66
废气废渣排放量是否少、环境污染小	8	4.00	0.77
媒体对能源使用的宣传、教育	9	3.96	0.74
邻居、亲戚或朋友使用的能源类型	10	3.93	1.02

三　乡村农户可再生能源使用行为决策模型

　　本研究通过以上分析和调研总结出，林里村的农户是否选择使用可再生能源、选择使用哪种可再生能源是受可再生能源自身属性、环境、政策等以及内外因素共同影响的，农户要经历认知、判别、决策、使用与再调整四个阶段最终做出选择（见图7-1）。

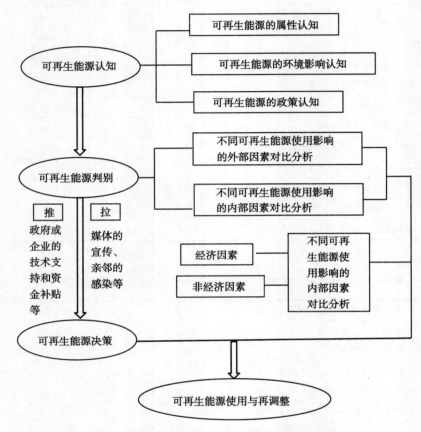

图7-1 乡村农户使用可再生能源意愿决策模型

以上模型可以解释为：乡村农户的能源选择行为是理性的，是农户经过可再生能源使用认知、价值判断、对比而形成的使用决策。

第一阶段是可再生能源认知阶段。农户家庭使用某种能源的前提是对这种能源的具体感知、认知，包括这些能源具体的来源、价格、使用方法、便捷性、能耗、污染、补贴等，在具体的认知基础上才能有能源使用的进一步判断。

第二阶段是可再生能源判别阶段。农户家庭是否使用可再生能源、使用哪种可再生能源，都需要在认知的基础上进行综合对比判别。此外，在不同环境、家庭生活方面分别使用哪种能源也是不同的，也需要结合具体的情况判别使用哪种能源类型合适。

第三阶段是可再生能源决策阶段。真正进入决策阶段综合考虑的因素更多，除了内部因素、外部因素综合考虑外，还需要更深入地分为经济因素和非经济因素、推力和拉力的影响。非经济因素包括农户家庭常住人口数量、最高学历等；经济因素包括农户外出打工情况、人均收入、年商品能源消费等。推力包括可再生能源在价格、环境、便捷性等方面的比较优势；拉力包括政府或企业的技术支持和资金补贴，媒体的宣传、亲邻的感染等。

第四阶段是可再生能源使用与再调整阶段。农户对可再生能源的使用类型和使用量是基于以上的认知、判别和决策基础上的，但也随着农户经济收入的提高、认知水平的提升、能源使用设备的便捷性提高、政府的补贴变化等内部因素和外部因素的变动而变化和升级换代。

第八章

主要调研结论及建议

第一节　主要调研结论

课题组在对林里村家庭能源使用进行调研分析的基础上，得出如下主要结论。

1. 林里村农户家庭生活能源消费逐步趋向于小型户消费

在我国计划生育政策下，林里村农户家庭总人口基数小，主要是 2—3 人户家庭和 4—5 人户家庭。农户家庭生活能源消费主要是以 2—3 人户家庭和 4—5 人户家庭规模进行消费。

2. 林里村作为城郊村，城镇化过程中农户家庭生活能源消费未大规模异地转移和减少

林里村的常住人口大趋势是减少的，但减少趋势不是很快。主要原因为：林里村属于近郊村，与村所在镇的中心区、所在地级市的市中心相距较近，本地就业机会较多，即使在城里、镇里打工，当日回本村生活也较为便利，所以到外省外市打工的人较少。农户家庭生活能源消费还是在本地，没有转移。农户能源消费受人口城镇化的影响较小。

3. 林里村家庭生活能源消费主要依赖商品能源，非商品能源使用少

从林里村能源消费量来看：林里村家庭生活能源主要依赖商品能源，能源消费量从高到低排序依次是煤炭、天然气、汽油、电、液化气。2013 年林里村户均生活用能为 2802.07 千克标准煤/年，人均能源消费量为 842.23 千克标准煤/年。林里村非商品能源消费较少，太阳能是非商品能源主要使用种类，秸秆和薪柴等传统生物质能源在家庭能源消费中逐渐退出。

4. 林里村农户家庭生活能源消费以煤为主，天然气公共设施建设和服务限制其使用率

从林里村能源消费结构来看，林里村由于地处煤炭资源富集地区，农户家庭生活能源消费对煤炭依赖较重，100%的农户家庭都选择使用煤炭作为生活最基础的能源，大多数农户使用煤炭采暖、做饭。随着社会发展，农户用电替代煤炭取暖、做饭、制冷、制热的比例逐渐增大，生活水平逐步改善。少数家庭拥有小汽车或者摩托车，使用汽油能源。一部分家庭使用太阳能，主要用于烧热水和洗浴。农户是否使用天然气与天然气管道铺设条件有很大关系，天然气管道铺设基本沿着山谷进行，山坡居住的农户天然气使用率较低。

5. 林里村家庭生活能源消费呈现多样化组合特征，山坡农户和沟谷农户、高收入农户和低收入农户能源消费水平差异明显，基本生活性能源消费多、娱乐改善性能源消费少

从林里村家庭生活能源消费组合来看，林里村家庭生活能源消费组合呈现选择性优化的多样化能源组合特征。在各种生活能源消费组合中，农村家庭能源组合常见的是"煤炭+电""煤炭+电+汽油""煤炭+电+太阳能""煤炭+电+天然气+X"（X 指其他任意能源类型）。山坡上农户的房屋类型主要是土窑洞、砖窑洞，用能以"煤炭+电"为主；沟谷农户的房屋类型主要是楼房和平房，用能以"煤炭+电+天然气+X"为主；高收入家庭以"煤炭+电+X"或"煤炭+

电+X+X"为主；低收入家庭则以"煤炭+电"为主。林里村生活用能消费组合以"煤炭+电"为基础配置；炊事、取暖等维持基本生活需求的用能占绝大部分，改善生活质量的照明、娱乐和卫生等用能较少。城镇化过程中，林里村农户能源使用结构在逐渐调整。

6. 林里村农户家庭生活能源消费与农户收入的相关性呈现分阶段特征

从林里村农户家庭生活能源消费与农户家庭收入的相关性分析来看，农户家庭收入在6万元以上的，家庭总收入越高，家庭生活能源消费越高，二者呈正相关；而农户家庭收入在6万元以下的，农户家庭生活能源消费与家庭收入无明显相关关系。

7. 家庭规模越大，家庭能源使用更有集约效应和规模效应；农户家庭人均能源消费由低到高的房屋类型依次是：土窑洞、楼房、平房和砖窑洞

从林里村农户费生活能源消费与家庭其他属性的相关性分析来看，家庭规模大，家庭能源使用更有集约效应和规模效应。同一农户家庭中的人口越多，在采暖、制冷、炊事等方面共同分担性越好，人均消耗就更低。农户家庭人均能源消费由低到高的房屋居住类型依次是：土窑洞、楼房、平房和砖窑洞。住土窑洞的农户家庭人均能源消费最低，是因为住土窑洞的农户家庭收入低，能源消费需求受到压制；楼房农户家庭和平房农户家庭的人均能源消费其次，原因是楼房户和平房户的能源设施利用条件好，使用太阳能等可再生能源和采暖锅炉系统等高效能源系统的农户多；砖窑洞农户人均能源消费最高是因为此类型农户收入比土窑洞高，能源使用节约意识总体上不如土窑洞住户，使用太阳能等可再生能源和采暖锅炉系统等高效能源系统的条件不如平房和楼房户。

8. 林里村农户冬季供暖均为自供暖，炊事用能种类多样，空调制冷户少，洗浴用太阳能节能效果明显

从林里村能源消费供暖项来看，林里村冬季没有村集中供暖的

渠道，100%的家庭为自供暖，使用单炉取暖的农户最多，其次是烧煤锅炉系统取暖和燃气炉系统取暖。从林里村炊事用能来看，炊事使用的主要能源为煤炭、蜂窝煤、电、天然气以及液化气，使用煤炭的农户最多，其次是使用电能的用户。从农户洗浴、热水使用来看，林里村部分农户使用煤炭烧水洗澡，部分农户使用电热水器，部分农户使用太阳能热水器，部分农户使用天然气热水器。不论是居住楼房、平房还是砖窑洞和土窑洞的农户，安装太阳能的农户人均能耗均明显低于未安装太阳能农户的人均能耗。

9. 林里村家庭生活电器种类、数量丰富，厨房电器使用数量和种类相对较少

从林里村家电使用总况来看，家庭生活电器使用数量多，彩电为户户所有，冰箱和洗衣机使用率很高，电脑使用户数超过半数，电热水器、浴霸等使用户数低于20%，空调使用率较低。厨房电器使用数量少，户均1—2个，厨电使用数量和种类相对较少。预计1—2年内购置的家电种类有电视机、冰箱、太阳能热水器、空调、电脑等，需求多样，需求数最多的电器是太阳能热水器和空调。

10. 林里村近五年家庭能源人均消费逐年增加，清洁性、便捷性能源消费逐渐增加

从林里村近五年家庭能源消费状况来看，人均能源消费呈现增加的趋势，增加比例在5%—20%，能源消费增加金额为年均50—300元，增加的种类主要是更清洁、更便捷的能源。近五年农户新添家电主要种类为电脑、电视机、冰箱、电热水器、饮水机、空调等，新添电脑的农户最多。近五年用能消费习惯的变化主要是原来习惯用本地优势能源煤的农户开始向用电、天然气、太阳能转变。

11. 林里村农户使用可再生能源的比例不大，且均为太阳能

从可再生能源使用来看，近五年使用可再生能源的农户比例不大，且均是使用太阳能，其他可再生能源种类使用少。对于购置太阳能热水器等可再生能源设施意向的调研结果表明，可以承受金额

在 800—2000 元区间的农户居多，本项调查可为国家太阳能设施及其他可再生能源设施的研发与定价提供参考。

12. 林里村农户可再生能源使用选择受多种因素影响，各因素对农户的影响程度有所不同

从可再生能源使用的影响因素来看，农户使用能源的内部影响因素主要包括家庭常住人口数量、家庭外出打工情况、家庭最高学历、年家庭人均收入、年人均商品能源消费等；农户使用能源的外部影响因素主要包括能源的市场价格、能源使用和维护是否快捷简单、能源使用是否清洁卫生和室内污染小、是否废气废渣排放量少和环境污染小、能源设备的使用方法是否简单易学、采集和购买能源的交通便利性、媒体对能源使用的宣传教育、政府或企业能否提供能源设备使用的技术支持和售后服务、政府是否给予资金补贴、邻居亲戚或朋友使用的能源类型等。从对比分析和排序位次来看，使用（计划使用）和不使用（不计划使用）可再生能源的农户都非常关注"政府给予资金补贴""政府或企业能否提供能源设备使用的技术支持和售后服务""能源使用是否快捷和维护简单""能源的市场价格""能源使用是否清洁卫生和室内污染小"因素，这五个因素均排在前五位，只是位序有所不同。使用（计划使用）可再生能源的农户更关注"政府或企业能否提供能源设备使用的技术支持和售后服务是否周全"，而不使用（不计划使用）可再生能源的农户更关注"能源的市场价格"。

13. 农户可再生能源使用行为决策分为认知阶段、判别阶段、决策阶段和能源使用与再调整阶段四个阶段

从农户可再生能源使用行为决策角度来看，农户可再生能源使用决策分为认知阶段、判别阶段、决策阶段和能源使用与再调整阶段四个阶段。第一阶段是对客观存在的可再生能源使用的具体感知、认知过程，第二阶段是农户家庭是否使用可再生能源、使用哪种可再生能源都需要在认知的基础上进行综合对比判别，第三阶段

是在内外部因素、推力拉力影响下的可再生能源使用决策形成阶段，第四阶段是农户经济收入提高、认识水平提升下的能源使用变化和升级换代。在市场经济环境下，乡村农户的可再生能源使用行为选择是理性的。

第二节 林里村社会经济发展相关问题及发展建议

一 林里村社会经济发展问题

近年来，山西省阳泉市按照中央、省、市一系列决策部署，以农民增收为核心，以改革创新为动力，以发展现代农业和建设秀美乡村为工作重点，加快推进农业产业化、经营规模化、科技集约化和乡村生态化。林里村保持了农业生产持续发展、农民收入稳步增长、农村面貌持续改善、农村社会和谐稳定的良好势头。但林里村的发展还存在着诸多不容忽视的问题，主要表现在以下方面。

1. 劳动力空心化趋势明显

虽然从调研数据来看，林里村的户籍人口和常住人口差别并不很大，但是随着城镇化步伐的加快，青壮年白天多在外打工，平时基本看不到青壮年劳动力，劳动力的空心化比较明显。作为一个城郊结合地区的乡村，如何布局和发展相关产业，留住和扩大常住人口是林里村面临的最大的发展问题。

2. 农民增收长效机制尚未建立

就农业来说，林里村属于山区，人均耕地少，农民组织化程度低，第一产业只能为农民提供极其有限的收入或者仅保证口粮。就工业来说，农村工业仅有三家，且都为小规模私人企业，吸纳农村富余劳动力的能力弱，农民就业机会少，农民多数通过亲戚朋友和熟人介绍在外打工，且多数是打零工。林里村发展的内生动力不足，缺乏持续性产业来帮助村民安居乐业。农村服务业尽管潜力巨大，但是目前林里村的发展仍处于初级阶段。

3. 林里村村集体经济弱小

林里村村集体尚需大力发展，一些小企业关停并转以及农村税费改革和农村矿产资源整合使农村集体经济发展受限。农村各项设施亟待完善，道路基础设施、公共服务设施、能源使用设施、厕所整治、垃圾处理等任务繁重，均需要壮大村集体经济来解决。

二　林里村社会经济发展建议

1. 培育发展旅游产业，促进农民增收和就业

产业是基础，就业是关键。林里村要利用好本村的山水资源、森林资源、田园资源、文化资源，逐步发展独具特色的乡村旅游和旅游养老养生产业，让生态环境优势转化为发展优势，让城里客人来观光、休闲、采摘、养生，吸引村民回流办农家乐、搞餐饮、搞服务。林里村位于阳泉市郊区政府所在地东南 3 千米，是阳泉市新北城建设规划的城中村，也是全区新农村建设的推进村，村旅游资源丰富，拥有 950 多年历史的宋代建筑——"关王庙"和始建于金明昌元年的市级文物保护单位——"睡佛寺"（万岁寺），以及天蓝、山清、水秀、地净、气爽、环境美、生活美、人文更美的和谐乡村景象；交通也非常便捷，拥有 207 国道和阳五高速出口、307 复线以及义白路和阳井线等公路，方便各方游客到村旅游。林里村发展旅游业及观光农业、生态养生产业等低能耗、低排放、劳动密集型的服务业不仅在区位上有优势，旅游资源有特点，更有助于实现就地城镇化，有效增加农民收入和可持续的创造就业机会。

2. 积极发展都市现代农业

林里村发展都市现代农业具有得天独厚的条件，距离阳泉市区较近，不管是开发生态农业产品还是生态农业体验观光项目，相比

远郊村落都更具优势。但林里村发展都市现代农业还存在规模较小、品牌建设滞后、融资难、手续复杂、基础设施建设落后等问题，尚需集中力量积极推进。具体措施包括支持基于特色农产品、生态景区、美丽乡村建设相融合的项目开发。鼓励以特色农业集中区、大中型园艺场和园区、山地生态农业综合开发等为依托，结合山水风光、农村景观和美丽乡村建设，因地制宜开发多样化、多功能休闲观光农业项目；优先支持企业、园区、基地基于产业基础的衍生服务开发。重点发展以旅游观光为主的观光农园，以休闲度假为主的休闲农场，以农耕文化体验为主的市民农园。建设集农业生产场所、消费场所和休闲场所于一体，山水相依、林草相伴、风格独特的专业性农业公园和综合性农业公园。充分利用农业产业基地和农村自然生态环境，鼓励和扶持业主兴办乡村酒店和农家乐，以农业观光旅游促进产业基地发展。

3. 加强农业生态建设

积极推进生态农业和循环农业理念，在保护生态环境的基础上，积极发挥农业的生态环境效益。积极实施生态农业示范工程，推进水资源循环利用、山地生态型综合开发、绿色和有机农业生产示范等项目。实施农村沼气工程，大力推进农村清洁工程建设，清洁水源、田园和家园。按照"减量化、再利用、再循环"的循环经济发展原则，结合农业的技术经济特点和水环境综合治理工程项目及集成技术，精心组织、筛选和实验示范多模式循环农业，推进循环农业发展。

4. 建立多元化投入机制，促进基础设施和服务设施建设

林里村需要建立"农民主体、政府引导、社会参与"的乡村建设投资机制，多渠道筹集建设资金，开展环境整治，加强农村路、水、电、气、暖、通信等基础设施建设，完善医疗、文化、教育等公共服务能力建设。基础设施和公共服务能力将有效保障林里村产业的良好发展和社会的稳定运行。

第三节 林里村家庭能源使用问题及发展建议

一 林里村能源使用问题

1. 农户对传统能源依赖重

阳泉市是山西省主要的煤炭生产区之一，虽然使用煤炭污染大，但由于获取方便，价格也相对便宜，绝大多数农民还是把煤炭作为主要生活能源。不论是从能源价格、能源获取的便捷性，还是从能源使用的配套设施等方面，煤炭的优势还是比较明显，新能源的优势在实际生活中体现得不明显，村民对于新能源技术尚处于观望和试探阶段。

2. 能源利用效率低，环境污染大

林里村大部分农户的灶具、采暖设施（以土暖气、煤炉为主）热效率低。部分家庭采用了锅炉采暖，但是锅炉的资源利用率依然偏低。此外，秸秆、薪柴等生物质能源仍采用直接燃烧方式，造成的环境污染较大。

3. 农户作为农村能源建设的主体作用未充分发挥

农户是农村能源建设的主体。但调研中发现，农户由于知识水平等因素限制，主动创新性使用可再生能源和更清洁、便捷能源的障碍多，普遍存在惰性强、固守传统、从众观望和消极等待等问题。政府在因地制宜推动能源建设和制定能源政策时要考虑到不同收入水平、不同教育程度、不同收入结构农户的情况分类指导，调动农户参与能源建设的积极性。

4. 农村能源设施建设不到位

具有天然气管道设施的地方农户多使用天然气，未铺设天然气管道设施地方的农户即便有使用的能力和愿望也无条件使用。所以，能源设施的建设是农村地区能源消费结构调整的前提。

5. 农民参与可再生能源开发利用积极性不高

农民对农村能源建设内涵缺乏全面了解，知之甚少，对可再生能源的相关国家补助也不太了解，没有积极主动性使用可再生能源。由于补助标准较低，基层干部和农民普遍存在等待、观望的心理。林里村太阳能和生物质能资源比较丰富，但由于各种限制因素多、引导力量不强，可再生能源的利用程度比较低。

6. 环保意识培训不足

林里村没有举办过关于能源使用和环境保护方面的培训，村民环保意识相对薄弱。受教育程度较高、收入高条件好的农户更愿意使用可再生能源和便捷、清洁的能源，收入低、条件差的农户更愿意使用价格低或者无偿获取的煤炭。

7. 可再生能源的后续维护和技术帮扶等支持服务不到位

推动农村可再生能源使用需要一系列后续政策措施和技术支持，要切实让农户在选择使用能源时感觉到可再生能源的好处和比较优势。许多能源设施在运行初期能正常发挥作用，但进入后续维护期后，如果没有很好的配套维修维护和技术帮扶，设施将不能发挥效用，从而影响村民的选择意愿。目前林里村技术和管理服务体系建设比较滞后，没有太阳能、沼气等相应的技术服务组织或专门机构，组织推广和服务力量相对薄弱。

二　林里村能源使用建议

1. 减轻农户对煤炭的过分依赖

减轻农户对煤炭的过分依赖，要从政策、设施建设和技术服务等方面统筹安排。研究制定激励政策引导农户使用本地其他便捷、清洁能源；积极建设天然气等替代能源设施，为其他类型能源使用做好配套支撑；从技术服务上加大使用其他能源的技术指导，体现技术优势。要不断摸索好的能源使用模式，树立典型户、示范户、示范工程，发挥示范效应，引导农户使用可再生能源等更加清洁高效的能源。

2. 加强后续服务与管理，形成"设施建设—高效使用—维护服务"产业链

能源设施的后续服务管理是农村能源建设的主要障碍之一，林里村大量弃用的户用沼气设施就是由于缺乏后续管理和服务造成的。如能完善农村能源服务网络，支持创办和发展可再生能源设施施工队伍、设备经营管护和技术服务等能源后续服务企业，建立好后续管理模式，形成政府扶持、市场化运作的管理机制，并通过加强技术培训提高队伍素质，不断提高后续服务能力和管理水平，农村能源工程安全生产和长期高效将得到有效保证①。建立规模化、标准化的"设施建设—高效使用—维护服务"产业链和产业模式，可以大大促进清洁能源的推广和使用，并创造就业机会。

3. 建设集中化、规模化的能源工程

在调研中发现，目前林里村采暖、制冷等能源消费活动都是以户为单位单独进行的。现有的农村新型能源技术也大多是针对单独的农户。未来林里村能源使用体系建设应向规模化、标准化、集中式发展，以村为单位或者以自然聚居群落为单位，建立集中生产和利用能源的设施，实行统一管理和利用。这样在维护上可以得到保障，也可以提高能源利用效率。

4. 积极推进可再生能源的利用

像林里村这样的北方农村地区，没有高层建筑遮挡，可以充分利用太阳能资源，大力推广太阳能热水器、太阳能灶、太阳能采暖系统、太阳房等设施，并且选择合理的生物质气化和综合利用技术，推进可再生能源的普及和可持续利用。

5. 加大环保和节能意识的培养

加大环保和节能意识的宣传力度，通过电视、广播、公益广告等方式，让更多的村民认识清洁能源的好处，培养环保和节能意

---

① 李国柱、安红梅、吕南诺等：《吉林省农村生活能源消费结构分析》，《湖北农业科学》2013 年第 5 期。

识。要把环保和节能知识培养纳入教育体系，让中小学生成为环保节能知识的义务宣传员和实践者。

6. 充分利用价格手段，明确政策导向

价格是影响村民选择能源消费品种的主要原因之一。价格因素实际上包含能源消费设施的价格和能源价格两个方面。可再生能源在使用成本上相对较低，但在设备购置上投入相对较高。为明确政策导向，推进可再生能源使用，可以采用价格补贴等手段，引导和鼓励村民使用可再生能源设施，从而调整农村生活能源消费结构。

结　　语

　　不同的乡村具有不同的区位特征、不同的自然条件和不同的经济基础，乡村家庭能源消费也大不相同。制定乡村家庭能源消费政策不能一概而论，需要因地制宜、分类分层次考虑和制定措施。

　　从阳泉市林里村入户调研的结果来看，随着城镇化的推进，林里村农户家庭人口向小型户过渡，主要是2—3人户家庭和4—5人户家庭；虽然常住人口大趋势是减少的，但是减少速度不快，城镇化过程中农户家庭生活能源消费尚未出现大规模异地转移和减少；村民家庭生活能源主要为商品能源，非商品能源使用较少，太阳能是非商品能源的主要使用种类，秸秆和薪柴等传统生物质能源在家庭能源中逐渐减少；村民能源消费以满足基本生活需求为主、娱乐改善型能源消费较少，随着居民收入水平的提高，改善型能源消费将会增加；农户家庭总收入与家庭能源消费的相关性主要表现在户均收入6万元以上的家庭，家庭总收入越高，家庭生活能源消费越高；家庭总收入6万元以下的家庭能源消费基本是生活保障型，能源消费水平与家庭收入水平相关性不显著；农户能源消费总量因居住房屋类型也具有显著差异，林里村农户家庭人均能源消费由低到高的房屋居住类型依次是土窑洞、楼房、平房和砖窑洞，集中安置或修建的楼房人均能源消费较低，也能保证一定的居住品质和舒适度，是未来农村地区实现低碳城镇化的优选方式之一；家庭规模越大，家庭能源使用更有集约效应和规模效应，农户家庭人均能源消耗也相对较低；冬季供暖是家庭能源消费的重要构成，林里村冬季没有村集中采暖的设施，100% 的家庭为自供暖，使用单煤炉取暖的农户最多，其次是烧煤锅炉系统取暖和燃气炉系统取暖，分户采暖效率参差不齐，为提高采暖能效，可考虑在居民集中安置区探索集中供暖模式，提高能源利用效率；林里村不论是居住楼房、平房还是砖窑洞和土窑洞的农户，安装太阳能的农户人均能耗均明显低于未安装太阳能设施农户的人均能耗；林里村厨房电器使用数量和种类较少，农村家电下乡潜力仍然巨大；村民未来希望购置的用能设施有电视机、冰箱、太阳能热水器、空调、电脑等，需求多样，需求最多的是太阳能热水器和空调；林里村农户使用可再生能源的比例不大，利用方式以太阳能热水器为主，调研发现村民首次购买或者投入太阳能设施所愿意承受的金额在 800—2000 元区间的农户居多，如果太阳能设施或补贴后的太阳能设施的价格可以在此价格区间，将会更有助于村民对可再生能源设施的选择；从可再生能源使用的影响因素来看，农户使用可再生能源的内部影响因素主要包括家庭常住人口数量、家庭外出打工情况、家庭最高学历、家庭人均收入、人均商品能源消费等，农户使用可再生能源的外部影响因素主要包括能源的市场价格、能源使用和维护是否快捷简单、能源使用是否清洁卫生和室内污染小、是否废气废渣排放量少和环境污染小、能源设备的使用方法是否简单易学、采集和购买能源的交通便利性、媒体对能源使用的宣传、政府或企业能否提供能源设备使用的技术支持和售后服务、政府是否给予资金补贴、邻居亲戚或朋友使用的能源类型等，使用（计划使用）可再生能源的农户更关注"政府或企业能否提供能源设备使用的技术支持和售后服务"，而不使用（不计划使用）可再生能源的农户更关注"能源的市场价格",因此减少传统能源补贴,降低可再生能源的入门价格并保持良好的售后服务将有助于可再生能源在农村地区的推广。

林里村位于山西省阳泉市,煤炭资源丰富,在能源消费结构上具有一定的特殊性。也正因为煤矿资源富集、煤矿及煤矿相关的上下游产业链较完整,当地能提供的就业机会较多,所以没有出现如四川、贵州等地农村富余劳动力大规模远距离迁徙就业的情况,而多为本地就业,呈现就地城镇化的特征。城镇化过程中林里村能源消费没有出现由于人口减少而大幅下降的趋势。但随着天然气管道设施、可再生能源设施的使用,能源消费结构正在逐步调整。林里村是我国众多正在经历城镇化和即将加入城镇化进程的农村地区之一,其能源消费特征可以代表相似地区的能源消费格局和趋势,在可再生能源推广和乡村能源消费结构调整中遇到的问题也具有一定的代表性和普遍性。通过对林里村能源消费结构、趋势、挑战、路径进行研究,可以为乡村地区能源发展政策制定提供参考。从优化乡村能源消费的角度推进低碳城镇化建设和农村地区经济、社会与环境的和谐发展。

附件

《农村家庭能源消费
研究》调研问卷

关于可再生能源使用的农村居民调查问卷

您好，非常感谢您能配合《农村家庭能源消费研究》课题接受入户调查，这将为我们准确地获得数据和反映真实社会情况提供有力支持，在此对您深表敬意。在此问卷中，如需填写信息，入户访问员将在您的配合下进行填写，您只需要如实反映信息即可；如题干是选项，请在符合自己情况的选项后打对钩。

被调查者：　　　　　性别：男□　　　女 □

年龄：

30 岁以下 □　　　30—40 岁 □　　　40—50 岁 □

50—60 岁 □　　　60 岁以上 □

一　基本情况

1. 您家户籍人口为＿＿＿口人，常住人口为＿＿＿口人，常住人口中最高学历为＿＿＿，共＿＿＿代人在一起居住，目前居住类型为

_____（平房、楼房、土窑洞、砖窑洞、其他），____平方米。

2. 您家庭使用的能源种类有哪些？（煤炭、蜂窝煤、罐装煤气、电、天然气、煤气、薪柴、秸秆、汽油、沼气、太阳能）请打"√"，如使用多种能源，请对多种能源打"√"。

3. 您每年家庭生活消耗的商品性能源数量为：煤炭____吨、蜂窝煤____块、电____度（千瓦时）、天然气____立方米、煤气____立方米、薪柴____千克、秸秆____千克、汽油____升，家庭每年购买商品能源需付出约_____元。

4. 您每年家庭农业生产消耗的商品性能源数量为：汽油____升、电____度（千瓦时）、煤炭____吨、天然气____立方米、煤气____立方米，购买生产性能源需付出约_____元。

5. 家庭消耗的能源除了购买商品性能源，有无其他来源，其他来源主要是_____，数量分别为_____。

6. 家住址离煤炭购买点的距离约为_____千米。

7. 您家的耐用消费品主要有：彩色电视机____台，黑白电视机____台，空调____台，冰箱____个，洗衣机____台，电脑____个，（是、否）能上网，电风扇____台，电热毯____个，电热水器____台，电暖气____个，浴霸____个，电饭锅____个，电磁炉____个，电灯____个，固定电话____部，手机____部，小汽车____辆，主要用途是____，影碟机____台，收音机____台，摩托车____辆，每年耗油____升，自行车____辆，其他还有_____。准备1—2年内新购置的家电有：_____，个数分别为_____。

8. 冬天取暖措施为_____（国家的暖气设施、村集体供暖、个人家庭自供暖、电器供暖、其他供暖），若为个人家庭自供暖，具体设施为：_____。每年供暖季供暖需要花费_____元，耗煤____吨，耗电____度（千瓦时）。

9. 做饭主要使用的能源种类有_____，（是、否）使用鼓风机；夏天制冷主要使用的能源种类是_____；平时热水洗浴主要使用的能源是_____。（能源种类见题 2）

10. 用煤方面，除了国家每年的 1 吨/人补贴，每年需要再购买_____吨。

11. 如果村里平房拆迁改楼房，（是、否）愿意置换住进楼房？原因是_____。

12. 家里成员中____人为城镇户口，分别为_____年转为城镇户口的。

13. 每天做午饭需要花费时间为____分钟，在冬天采暖季每天花费____分钟为采暖付出劳动。（是、否）认为住入楼房使用天然气后可以减少家庭劳动时间。

二　近五年能源使用的变化状况

14. 近五年的家庭常住人口有无变化，从____人变为____人，原因是____（例如嫁娶、分家住、升学、去世等）。

15. 近五年家庭成员中____人离开居住地到城里居住和工作，工作性质为____。

16. 近五年家庭收入变化为____（增加、减少、不变），每年增加或减少____％，变化的原因为_____。

17. 近五年内住所____（有、无）变化，原因是____（搬迁、翻修扩大），住所形式变化为_____（例如，平房变成楼房，小院翻修扩大等），扩了____平方米。

18. 近五年人均能源消费量____（有、无）增加，主要是____类型能源的增加最快，主要增加在_____方面（例如做饭、取暖、制冷、洗浴、家电消耗），每年增加量为____％。

19. 近五年新添加的能源消费种类有_____。

20. 近五年能源消费额____（有、无）增加，年均增加____元，主要原因是_____（例如商品能源价格上涨、购买能源距离增加、可收集的免费能源的中断等）。

21. 近五年____（有、无）购置新家电，购置的种类及数量分别为_____（例如电视机2台、电脑1台等）。

22. 近五年用能习惯____（有、无）改变，原来习惯使用的能源类型为_____，现在更习惯使用的能源类型为_____。

23. 五年前决定使用哪种类型能源最看重的是_____（能源使用方便性、资金节约性，能源使用清洁性、购买方便性），近五年能源使用更看重的是_____。

24. 以下影响您能源使用选择的各要素的重要性如何？（请打"√"）

（1）能源的市场价格（非常重要、重要、一般、不重要）

（2）能源使用是否快捷、维护简单（非常重要、重要、一般、不重要）

（3）能源使用是否清洁卫生、室内污染小（非常重要、重要、一般、不重要）

（4）废气废渣排放量是否少、环境污染小（非常重要、重要、一般、不重要）

（5）能源设备的使用方法是否简单易学（非常重要、重要、一般、不重要）

（6）采集、购买能源的交通便利性（非常重要、重要、一般、不重要）

（7）媒体对能源使用的宣传、教育（非常重要、重要、一般、不重要）

（8）政府或企业能提供能源设备使用的技术支持和售后服务是否周全（非常重要、重要、一般、不重要）

（9）政府给予资金补贴（非常重要、重要、一般、不重要）

（10）邻居、亲戚或朋友使用的能源类型（非常重要、重要、一般、不重要）

三　可再生能源使用状况

25. 近五年____（有、无）使用可再生能源，使用的可再生能源类型为_____（太阳能、沼气、生物质能、风能、水能、地热能），主要在_____方面使用。未来两年内____（有、无）使用可再生能源计划，预计使用的可再生能源类型为_____，主要在_____方面使用。

26. 您家是否享受可再生能源使用补贴，补贴标准为____元/人·年。

27. 如果使用可再生能源节能效果很好，您可以承受的可再生能源使用设施购买或设施首次投入的金额为_____元。

28. 您家的节能产品有_____（例如节能灯、节能灶、节煤炉等），数量分别为_____。目前有的节能技术有_____。

29. 您是否知道"低碳"这个词的大概意思？（是　否）

30. "城镇化"和您是否有关系？（是　否）。如有，您认为影响在哪些方面？

参 考 文 献

蔡国田、张雷：《西藏农村能源消费及环境影响研究》，《资源开发与市场》2006 年第 3 期。

陈红娥、宋斌：《农村新能源建设的调查与思考》，《农业技术与装备》2010 年第 11 期。

冯之浚：《中国可再生能源和新能源产业化高端论坛》，中国经济出版社 2007 年版。

韩昀、王道龙、毕于运：《山东省郯城县农村生活能源消费现状》，《中国农学通报》2013 年第 32 期。

何建清、张广宇、张晓彤等：《中国农村生活能源发展报告：2000—2009》，科学出版社 2012 年版。

何威风、阎建忠、花晓波：《不同类型农户家庭能源消费差异及其影响因素——以重庆市"两翼"地区为例》，《地理研究》2014 年第 11 期。

计志英、赖小锋、贾利军：《家庭部门生活能源消费碳排放：测度与驱动因素研究》，《中国人口·资源与环境》2016 年第 5 期。

课题组：《2010 至 2020 中国新农村能源战略构想》，http://wenku. baidu. com/view/09b77f58804d2b160b4ec0a2. html? re = view,

2012-11-11。

李国柱、安红梅、吕南诺等：《吉林省农村生活能源消费结构分析》，《湖北农业科学》2013 年第 5 期。

李文博：《农村能源项目建设情况调查》，《甘肃金融》2010 年第 10 期。

梁睿：《农村新能源利用现状调查》，《农产品市场周刊》2010 年第 22 期。

刘静、朱立志：《我国农户能源消费实证研究——基于河北、湖南、新疆农户的调查数据》，《农业技术经济》2011 年第 2 期。

娄博杰、许健民、吕开宇：《四川省农户生活能源消费现状分析——以芦山县为例》，《安徽农业科学》2008 年第 4 期。

陆慧、卢黎：《农民收入水平对农村家庭能源消费结构影响的实证分析》，《财贸研究》2006 年第 3 期。

吕士海、潘玉落、聂亮：《农村能源综合建设问题与对策》，《现代农业》2009 年第 6 期。

牛叔文、赵春升、张馨等：《兰州市家庭用能特点及结构转换的减排效应》，《资源科学》2010 年第 7 期。

彭武元、潘家华：《农村电力需求的影响因素——基于湖北省抽样调查的经验分析》，《中国农村经济》2008 年第 6 期。

仇焕广、严健标、李登旺等：《我国农村生活能源消费现状、发展趋势及决定因素分析——基于四省两期调研的实证研究》，《中国软科学》2015 年第 11 期。

曲哲：《新能源新农村》，《中国农村科技》2009 年第 8 期。

史清华、彭小辉、张锐：《中国农村能源消费的田野调查——以晋黔浙三省 2253 个农户调查为例》，《管理世界》2014 年第 5 期。

唐逸舟、周佳雯、李金昌：《浙江省农村能源消费行为的实证分析》，《广西社会科学》2012 年第 5 期。

田利东、郑文彤：《新农村建设中的能源保障和环境保护》，《黑龙江科技信息》2009 年第 3 期。

田宜水：《2013 年中国农村能源发展现状与趋势》，《中国能源》2014 年第 8 期。

王佳丽：《产业结构逐步优化，产业扩张步伐加速》，《山西经济日报》2016 年 5 月 6 日。

辛毅、李冰峰、吴燕红：《滇西北农牧交错区农村生活能源消耗驱动力研究》，《中国沼气》2014 年第 6 期。

许骏、那伟：《我国农村生活能源消费成本分析——以吉林省为例》，《经济纵横》2013 年第 6 期。

薛广勤：《绿色能源天然气输进阳泉》，《山西日报》2008 年 6 月 18 日，A02 版。

闫丽珍、闵庆文、成升魁：《中国农村生活能源利用与生物质能开发》，《资源科学》2005 年第 1 期。

阳泉市农委：《阳泉市村情专题调研报告》，http://www.sxnyt.gov.cn/sxnyt_ xxsb/xxsbnybm/xxsbyqsnw/201604/t20160405_ 280456.shtml，2016 年 4 月 5 日。

尹俊华、李强、王敏等：《开发利用农村新能源发展农村节能减排》，《安徽农学通报》2011 年第 21 期。

云南省农村能源工作站：《云南省农村能源"十二五"建设稳步推进》，《云南林业》2014 年第 2 期。

曾毅：《被忽略的"胡焕庸家庭户密度线"——家庭户小型化对能源消费和可持续发展的影响》，《探索与争鸣》2016 年第 1 期。

张彩庆、郑金成、臧鹏飞等：《京津冀农村生活能源消费结构及影响因素研究》，《中国农学通报》2015 年第 19 期。

张海鹏、牟俊霖、尹航：《林区农村家庭生活能源消费需求实证分析——基于双扩展的线性支出系统模型》，《中国农村经济》2010 年第 7 期。

张妮妮、徐卫军:《农户生活用电消费分析——基于能源自选择行为》,《中国农村经济》2011 年第 7 期。

张瑞英、席建超、葛全胜:《乡村旅游农户可再生能源使用行为选择模型研究——基于六盘山生态旅游区的案例实证》,《干旱区资源与环境》2014 年第 12 期。

章永洁、蒋建云、叶建东等:《京津冀农村生活能源消费分析及燃煤减量与替代对策建议》,《研究与探讨》2014 年第 7 期。

赵晓丽、李娜:《中国居民能源消费结构变化分析》,《中国软科学》2011 年第 11 期。

赵志莲:《农村能源发展现状及对策研究》,《农业工程技术:新能源产业》2011 年第 11 期。

郑新业、魏楚、秦萍等:《中国家庭能源消费报告》,http://hvdc.chinapower.com.cn/news/1037/10370677.asp,2015-2-28。

《中国大百科全书》,中国大百科全书出版社 2009 年版。

中共甘谷县委、甘谷县人民政府:《小沼气推动农业循环经济大发展》,《农业工程技术:新能源产业》2011 年第 9 期。

中国环境与发展国际合作委员会:《中国环境与发展国际合作委员会年度政策报告——能源环境与发展》,中国环境科学出版社 2010 年版。

中国沼气学会秘书处:《新农村能源站模式与循环农业发展》,《中国沼气》2010 年第 5 期。

周曙东、崔奇峰、王翠翠:《农牧区农村家庭能源消费数量结构及影响因素分析——以内蒙古为例》,《资源科学》2009 年第 4 期。

朱四海:《中国农村能源政策:回顾与展望》,《农业经济问题》2007 年第 9 期。

朱忠贵:《论农村生物能源的利用》,《新疆农垦经济》2009 年第 12 期。

GB/T 2589—2008，综合能耗计算通则［S］．北京：全国能源基础与管理标准化技术委员会，2008．

Jackson，T．，Motivating Sustainable Consumption，a Review of Evidence on Consumer Behaviour and Behavioural Change. Sustainable Development Research Network. 2005.

Lillemo，S. C．，Halvorsen，B．，The Impact of Lifestyle and Attitudes on Residential Firewood Demand in Norway，*Biomass and Bioenergy*，2013，57（1）：13-21.

Mari，M．，Affecting Consumer Behavior on Energy Demand，*SPRU-Science and Technology Policy Research*，2007（3）：12-22.

Sanquist，T. F．，Orr，H．，Shui，B．，et al．，Lifestyle factors in U. S. residential electricity consumption，*Energy Policy*，2012，42（3）：354-364.